Globus 3

Rätselreise

50 Rätsel für den Geografieunterricht

Autoren: Ambros Brucker
Gabriele Brantl
Martina Flath
Susanne Grupp-Robl
Martin Hartl
Helmut Prusko
Meinolf Rohleder

R. Oldenbourg Verlag München

Die Deutsche Bibliothek – CIP-Einheitsaufnahme

Rätselreise : 50 Rätsel für den Geografieunterricht / Autoren:
Ambros Brucker ... – 1. Aufl. – München : Oldenbourg, 1997
  (Globus ; 3)
  ISBN 3-486-86813-6
NE: Brucker, Ambros; GT

1. Auflage 1997
Unveränderter Nachdruck   01   00   99   98   97

Die letzte Zahl bezeichnet das Jahr des Drucks.

Lektorat: Ingrid Voges
Herstellung: Christa Schauer
Umschlagkonzeption: Mendell & Oberer, München
Grafik: Eduard Wienerl, München
Illustration: Bettina Buresch, München
Satz und Reproduktionen: Max Vornehm GmbH, München
Druck und Bindung: Greipel Offset, Haag/Obb.

ISBN 3-486-**86813**-6

Inhaltsverzeichnis

Liebe Kolleginnen und Kollegen, liebe Rätselfreunde,

wir bieten Ihnen hier für Ihren Unterricht 50 geografische Rätsel an, die schulbuch- und atlasunabhängig sind. Wenn zu ihrer Lösung der Atlas alleine nicht reicht und weitere Hilfsmittel notwendig sind, werden diese genannt.

Die Rätsel sind vielseitig verwendbar:
- Zur Unterstützung der Hausarbeit: Da die meisten Rätsel kaum ohne Atlas gelöst werden können, besteht durch den Einsatz der Rätsel der direkte, aber nur indirekt empfundene Zwang den Atlas aufzuschlagen. Zudem werden in vielen Fällen die Eltern oder Geschwister in den Versuch zur Lösung einbezogen werden: ein Stück „Öffentlichkeitsarbeit" für das Fach Erdkunde.
- Während der unterrichtlichen Erarbeitung dienen sie der Auflockerung und können in Einzelarbeit, in Partnerarbeit oder in Gruppenarbeit eingesetzt und gelöst werden. Der Vorteil besteht darin, dass es noch während des herkömmlichen Unterrichts bei der Besprechung zu einer Erfolgskontrolle kommen kann.
- Im Rahmen der Freiarbeit können sie vielfältig verwendet werden, so zum Beispiel zur Ergänzung einer Station im Rahmen des Stationsunterrichts oder bei Lernzirkeln. Sie sollten dabei vor allem an den Kontrollstationen aufliegen, wenn ein einschlägiges Thema behandelt worden ist.
- Diese Rätsel können unabhängig vom unterrichtlichen Vorgehen an interessierte Schülerinnen und Schüler ausgegeben werden, wenn diese sich freiwillig mit geografischen Themen befassen und gerne Rätsel lösen.
- Manche Rätsel wollen den Schülerinnen und Schülern über die vordergründigen Informationen hinaus auch Hintergrundwissen liefern, die Rätselfreunde zu Fragen anstoßen und sie dadurch veranlassen sich mit manchen Problemen unabhängig vom Rätsel freiwillig weiter zu befassen.

Wichtiger als jeder pädagogische Zeigefinger ist die Freude am Lösen der kniffligen und der einfachen geografischen Rätsel!

Auch Schülerinnen und Schüler können Rätsel entwerfen! Wir schlagen folgendes Vorgehen in der Anfangsphase vor:
- Die Lehrkraft stellt nach Abschluss einer Unterrichtseinheit – zum Beispiel Landwirtschaft in Deutschland – den Schülerinnen und Schülern unterschiedliche (einfache) Rätseltypen vor: Kastenrätsel, Silbenrätsel, Zahlenrätsel, Buchstabensalat, Schlangenrätsel.
- Anschließend können mehrere Schülergruppen oder einzelne Schülerinnen/Schüler – in der Schule oder im Rahmen der Hausaufgabe – jeweils ein Rätsel zu dem behandelten Thema entwerfen.
- Diese Rätsel werden von der Lehrkraft kopiert und an die anderen Schülergruppen zur Lösung verteilt.

Viel Freude bei diesem alternativen Unterricht!

Autoren und Verlag

Kunterbuntes Deutschland

Name:	Klasse:	Datum:

In diesem Buchstabensalat sind insgesamt 35 Landschaften und Gebirge in Deutschland versteckt. Sie sind annähernd lagegetreu eingetragen. Längere Wörter werden getrennt. Wie viele Landschaften und Gebirge findest du heraus?

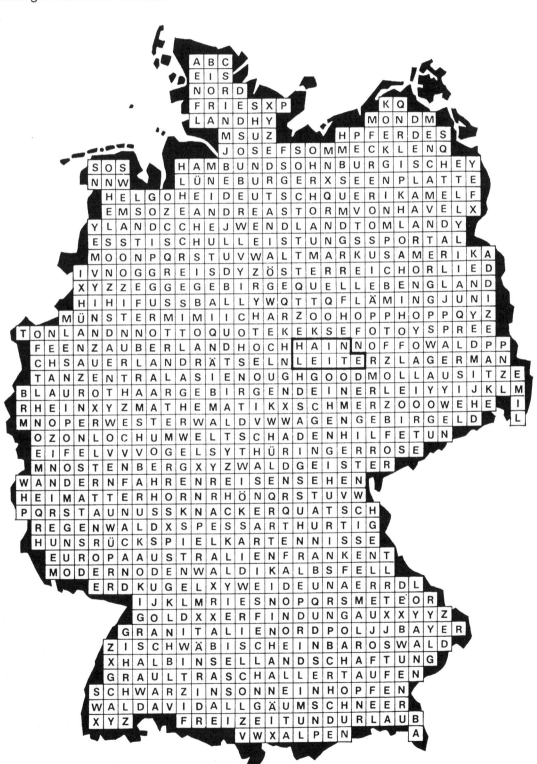

Deutschland – Gebirge, Gewässer, Gemeinden (1)

Name:	Klasse:	Datum:

Senkrecht:

1 Stadt in Baden-Württemberg, Kreis Konstanz, im Hegau am Fuße des Hohentwiel
2 Nordrhein-westfälische Stadt an der Mündung der Lippe in den Rhein
3 Rechter Nebenfluss des Neckar, der die Hohenloher Ebene durchfließt
4 Strom in Süddeutschland, der in das Schwarze Meer mündet
5 Westlichste der Ostfriesischen Inseln
6 Laufabschnitt des Rheins in Süddeutschland
7 Stadt am Südabfall des Thüringer Waldes
8 Hessische Stadt an der Mündung der Kinzig in den Main
10 Name der in Sachsen lebenden Slawen
11 Grenzgebirge zwischen Sachsen und der Tschechischen Republik
12 Ort in Sachsen mit Wärmekraftwerk, zwischen Naumburg und Leipzig gelegen
15 Größter See der Mecklenburgischen Seenplatte
16 Höhenzug am Nordrand des Thüringer Beckens
17 Westlichste deutsche Großstadt in Nordrhein-Westfalen
19 Fluss, der im Vogelsberg entspringt und in Frankfurt in den Main mündet
22 Hauptzufluss des Ammersees
28 Berg des Bayerischen Waldes (1371 Meter hoch)
29 Hafenstadt in Mecklenburg-Vorpommern, am Barther Bodden südlich von Zingst
30 Kleine Insel östlich von Rügen
32 Gemeinde an der Bahnstrecke München – Rosenheim (ß = ss)
33 Niedersächsische Stadt an der Mündung der Hase in die Ems
35 Ostfriesische Stadt südlich von Langeoog
39 wie 47 waagerecht
42 Oberpfälzische Kreisstadt an der Vils
44 Linker Nebenfluss der Werra, der in der Rhön entspringt
45 Höhenzug nördlich des Harzes
49 Linker Nebenfluss des Rheins, der in Neuss mündet

Waagerecht:

1 Meeresarm zwischen den Inseln Usedom und Wollin, heute polnisch
4 Hessische Stadt, 15 km östlich von Darmstadt
9 Niedersächsische Großstadt südlich des Mittellandkanals, nördlich des Teutoburger Waldes

12 Eine der Ostfriesischen Inseln
13 Eifelfluss, linker Nebenfluss des Rheins
14 Kreisstadt an der Westküste Nordfrieslands
16 Mittelgebirge, an dem Niedersachsen und Sachsen-Anhalt Anteil haben
18 Fluss, der in der Frankenhöhe entspringt und nördlich von Nürnberg in die Regnitz mündet
20 Stadt auf der Insel Fehmarn
21 Stadt südlich von Kassel, Zweigwerk von VW, ohne „Tal"
23 Landschaft im Raum Donaueschingen, zwischen Schwarzwald und Schwäbischer Alb
24 Teil des Ostholsteinischen Hügellandes zwischen Kieler und Lübecker Bucht
25 Gemeinde in der Hallertau zwischen Freising und Mainburg
26 Industriegroßstadt am Nordostrand des Ruhrgebietes, Endpunkt des Datteln-Hamm-Kanals
27 Nordwestliches Randgebiet des Thüringer Beckens, südöstlich von Göttingen
29 Hauptstadt von Deutschland
31 Stadt mit quadratischem Grundriss der Innenstadt, an der Mündung des Neckar in den Rhein gelegen
34 Rechter Nebenfluss des Rheins, der am Feldberg im Schwarzwald entspringt
36 Linker Nebenfluss der Aller, der durch Hannover fließt
37 Rechter Nebenfluss der Donau, der durch München fließt
38 Landschaft im Osten der Westfälischen Bucht, nach der ein Stadtteil Bielefelds und ein Truppenübungsplatz benannt sind
40 Stadt in Schleswig-Holstein im Kreis Plön
41 Stadt im Kreis Recklinghausen, südlich von Lippe und Wesel-Datteln-Kanal
43 Linksrheinisches Mittelgebirge
46 Rechter Nebenfluss des Rheins, dessen Quellflüsse im Namen die Farben rot und weiß tragen
47 Deutscher Strom, der im Riesengebirge entspringt und in die Nordsee mündet
48 Bayerischer Fluss, der durch die Hallertau fließt und nach dem eine bayerische Stadt zwischen Ingolstadt und Regensburg benannt ist
50 Niedersächsischer Ort an der Bahnstrecke Paderborn – Kreiensen, südlich des Höhenzuges Hils
51 Niedersächsischer Ort im Süden der Lüneburger Heide
52 Rechter Nebenfluss der Rur in der Eifel

Deutschland – Gebirge, Gewässer, Gemeinden (2)

Name: | Klasse: | Datum:

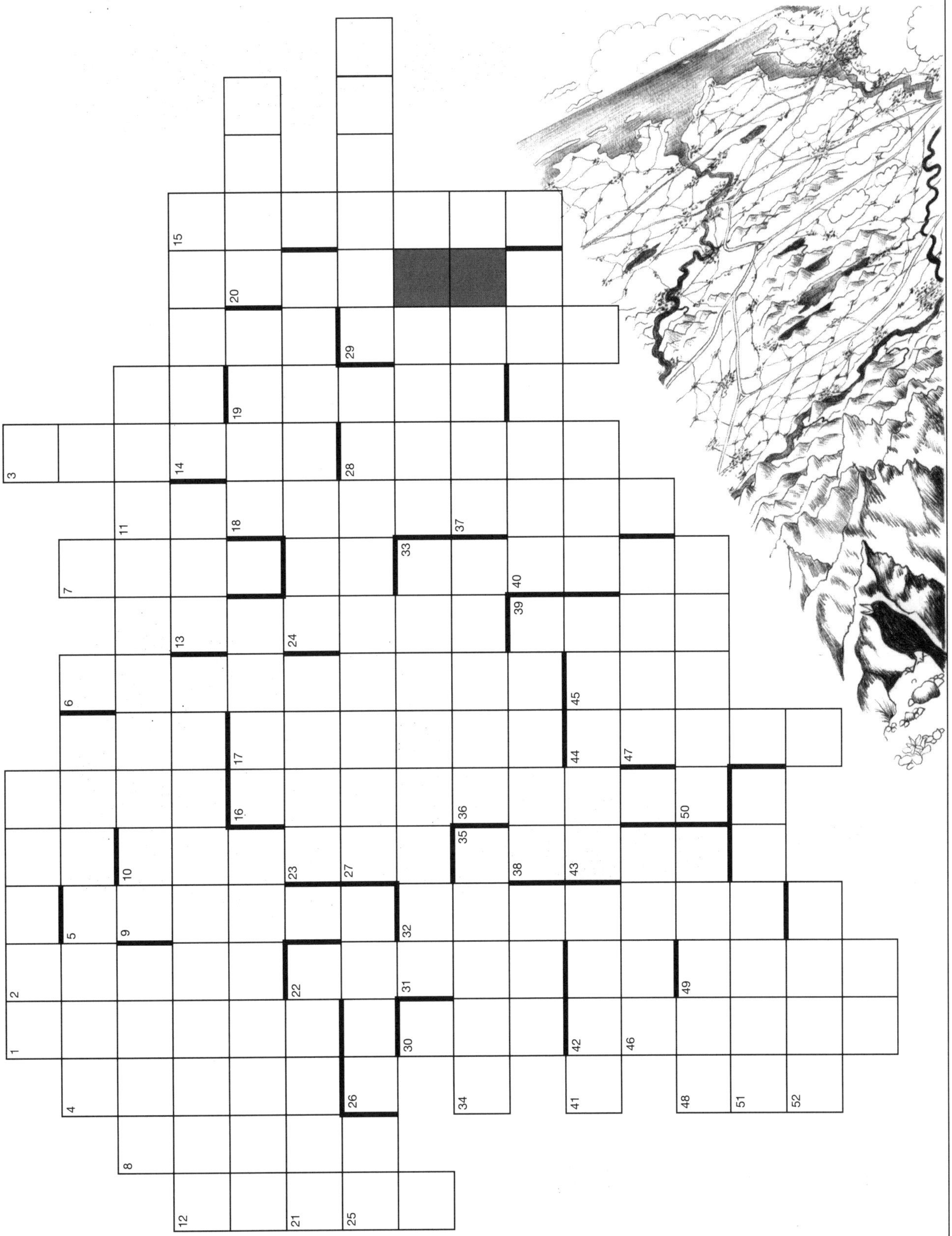

Beachte: Ü = UE

Lösung siehe Seite 63

| Name: | Klasse: | Datum: |

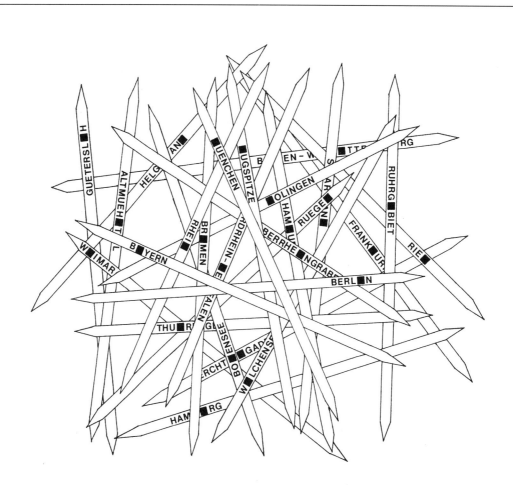

Die Stäbchen, der Reihe nach von oben nach unten weggenommen, nennen die mit 1 bis 25 nummerierten Superlative. Sie werden in das Lösungsfeld eingetragen. Die fehlenden Buchstaben nennen in der Reihenfolge 1–25 drei Landeshauptstädte, die am gleichen Fluss liegen. (Tipp: Male jedes gezogene Stäbchen an!)

1 Stadt mit der größten Einwohnerdichte (4265 Einw./ km^2)
2 Größtes Bundesland (70 553 km^2)
3 Bundesland mit der größten Bevölkerungsdichte (3903 Einw./ km^2)
4 Der längste Fluss in Deutschland
5 Der höchste Berg (2962 m)
6 Bundesland mit den meisten Einwohnern (etwa 18 Millionen)
7 Der größte Grabenbruch
8 Kleinstes Bundesland (404 km^2)
9 Stadt mit der höchsten Motorisierung (586 Pkw/ 1000 Einw.)
10 Bundesland mit dem höchsten Bruttoinlandsprodukt pro Kopf (72 800 DM)
11 Tiefster deutscher See (in den Alpen, 192 m)
12 Größter deutscher See (deutscher Anteil 305 km^2)
13 Bundesland mit dem geringsten Bruttoinlandsprodukt pro Kopf (16 400 DM)

14 Größte deutsche Insel (926 km^2)
15 Bundesland mit dem höchsten Abwasserpreis (5,27 DM/ m^3)
16 Bundesland mit dem höchsten Ausländeranteil (15,4 %)
17 Größtes Industriegebiet
18 Größter Meteoritenkrater, zwischen Schwäbischer und Fränkischer Alb gelegen
19 Südlichster Nationalpark
20 Kulturhauptstadt Europas 1999
21 Größter Naturpark (290 800 ha)
22 Am weitesten vom Festland entfernte Insel in der Nordsee (65 km)
23 Sitz des zweitgrößten Medienkonzerns der Welt (Bertelsmann)
24 Bundesland mit den geringsten Straftaten (5640/ 100 000 Einw.)
25 Stadt mit der größten Börse und den meisten Bankhäusern

Deutschland – Mikado der Superlative (2)

Name: Klasse: Datum:

Lösungsfeld

Beachte: Ü = UE

Lösung siehe Seite 63

Das knifflige Städterätsel mit Autokennzeichen und ein paar Zutaten (1)

Name:	Klasse:	Datum:

Bei der Lösung des Kreuzworträtsels hilft dir ein Autoatlas.

Waagerecht:
1 Autokennzeichen von Essen
2 Autokennzeichen von Regensburg
3 Landeshauptstadt von Sachsen
5 Autokennzeichen von Heinsberg (Nordrhein-Westfalen)
7 Autokennzeichen von Stormarn (Bad Oldesloe)
9 Autokennzeichen von Augsburg
10 Save our souls!
11 Industriestadt am Rande der Leipziger Tieflandsbucht an der Saale
13 Deutsche Hansestadt an der Weser
16 Größte Stadt Hessens, am Main gelegen
20 Vereinte Nationen (Abkürzung)
21 Bienenzüchter
23 Wochentag
25 Vor der Vereinigung Deutschlands Hauptstadt der Bundesrepublik
27 Landeshauptstadt von Baden-Württemberg
28 Landeshauptstadt von Bayern (Ü = UE)
31 Hauptstadt Deutschlands
34 Konjunktion, verbindet einzelne Wörter und Sätze
35 Autokennzeichen von Oschersleben (nördliches Harzvorland)
36 Autokennzeichen von Neumarkt i. d. Oberpfalz
38 Industriestadt im Erzgebirgsvorland
42 Stadt im äußersten Norden von Bayern
43 Himmelsrichtung
45 Stadt in Nordrhein-Westfalen, die sich 17 km lang in einem ins Bergische Land eingeschnittenen Tal erstreckt
50 Zweitgrößte Stadt von Baden-Württemberg, im Oberrheinischen Tiefland
51 Niedersächsische Kreisstadt an der Aller am Südrand der Lüneburger Heide
52 Autokennzeichen von Hildesheim
53 Autokennzeichen von Nürnberg

Senkrecht:
1 Größte Stadt im Ruhrgebiet
2 Das bleibt übrig
3 Größte Stadt Westfalens, Verkehrsknotenpunkt
4 Autokennzeichen von Dortmund
5 Erster Bundespräsident
6 Autokennzeichen von Stuttgart
8 Gebirgszug südöstlich von Hannover
11 Deutsche Hafenstadt an der Elbe
12 Autokennzeichen von Ansbach
13 Fleisch oder Fisch durch Fett/Öl erhitzen
14 Elternteil
15 Mündungsarm der Weichsel
16 Autokennzeichen von Frankfurt am Main
17 Stadtteil Münchens, früher Flugplatz
18 Autokennzeichen von Kempten (Allgäu)
19 Autokennzeichen von Freiburg im Breisgau
22 Viertgrößte Stadt Deutschlands, am Rhein gelegen (Ö = OE)
24 Abkürzung für Aktiengesellschaft
26 Normalnull bei Höhenangaben
29 Autokennzeichen von Chemnitz
30 Linker Nebenfluss der Weser
31 Industriestadt in Nordrhein-Westfalen, zwischen Ruhr und Emscher
32 Widerhall
33 Alpenfluss, mündet in Passau in die Donau
37 In der Wetterkunde der Mittelwert (z. B. der Temperatur)
39 Autokennzeichen von Erfurt
40 In der Bautechnik ein Dachziegel, in den Berner Alpen ein Berg, in der Jägersprache ein geweihloser Hirsch (Ö = OE)
41 Autokennzeichen von Zwickau
44 Autokennzeichen von Stuttgart
46 Autokennzeichen von Passau
47 Autokennzeichen von Pößneck
48 Größter deutscher Strom
49 Autokennzeichen von Limburg-Weilburg

Das knifflige Städterätsel mit Autokennzeichen und ein paar Zutaten (2)

Name:　　　　　　　　　　　　　　　　Klasse:　　　　　　Datum:

Kreuz und quer durch Deutschland – Städtequiz

Name:		Klasse:	Datum:

1
2
3
4
5
6
7
8
9
10
11

1 Nördlichste Stadt Deutschlands
2 Landeshauptstadt von Baden-Württemberg
3 Landeshauptstadt von Brandenburg
4 Norddeutsche Millionen- und Hafenstadt
5 Östlichste Stadt Deutschlands
6 Landeshauptstadt des bevölkerungsreichs-
ten Bundeslandes

7 Landeshauptstadt von Thüringen
8 Bayerische Stadt am Zusammenfluss von
drei Flüssen
9 Größte Stadt im Rhein-Main-Verdichtungs-
raum
10 Bevölkerungsreichste deutsche Stadt
11 Stadt an der Mündung der Mosel in den Rhein

Ordne den Städten jeweils eines der folgenden Wahrzeichen zu: Zwinge**r**, Bra**n**denburger Tor, Kaiserb**u**rg, **M**ünster, **H**olstentor, Fraue**n**kirche, **D**om, Stad**t**musikanten.
Wenn du die Aufgabe richtig gelöst hast, ergeben die fett gedruckten Buchstaben den Namen einer Fußballhochburg in Nordrhein-Westfalen.

Köln	Lübeck	Dresden	Bremen

Ulm	Nürnberg	München	Berlin

Lösungswort: _____

Zwischen Ostfriesland und Vorpommern – ein Küstenrätsel

Name:	Klasse:	Datum:

4

2

12

7

Nehrung

Haff

11

6

Ordne die folgenden Begriffe den Abbildungen zu: Insel **S**ylt, Insel R**ü**gen, Halbi**n**sel, Steil**k**üste, **F**lachküste, Ausgl**e**ichsküste, **B**oddenküste, F**ö**rdenküste, Watte**n**küste, Buch**t**, **D**eich, Trichter**m**ündung.
Die fett gedruckten Buchstaben in der Reihenfolge 1–12 ergeben das Lösungswort: _____

3

8

Elbe

10

5

1

9

Rätselcontainer im Hamburger Hafen

Name:	Klasse:	Datum:

Im Container sind zwölf Begriffe versteckt, die etwas mit dem Hamburger Hafen zu tun haben. Suche die Begriffe und schreibe sie unter den Container.

T	I	R	S	F	R	E	I	H	A	F	E	N	N	R
O	T	C	O	N	T	A	I	N	E	R	S	E	R	T
F	A	H	Ü	B	E	R	S	E	E	H	A	F	E	N
G	U	V	E	R	K	E	H	R	S	W	E	G	E	A
R	E	S	E	X	P	O	R	T	A	G	O	S	T	O
U	G	Ü	T	E	R	U	M	S	C	H	L	A	G	E
G	O	L	A	G	E	R	F	L	Ä	C	H	E	U	T
U	R	S	P	E	I	C	H	E	R	S	T	A	D	T
R	E	S	I	S	T	A	R	I	M	P	O	R	T	A
A	S	U	T	U	N	T	E	R	E	L	B	E	T	R
P	H	A	F	E	N	R	U	N	D	F	A	H	R	T
H	A	F	E	N	I	N	D	U	S	T	R	I	E	A

Untertagerätsel

Name:	Klasse:	Datum:

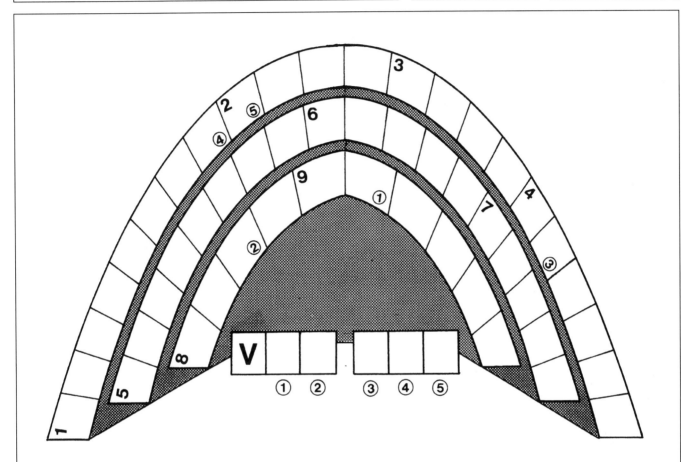

Der letzte Buchstabe eines jeden Wortes ist zugleich der Anfangsbuchstabe des nächsten Wortes.

1 Personenfahrt im Schacht
2 „Tiefe" in der Bergmannssprache
3 Größte Stadt im Ruhrgebiet
4 In diese Himmelsrichtung „wandert" der Bergbau im Ruhrgebiet
5 Bezeichnung für den oberen Ausgang des Schachtes
6 Anderes Wort für Bergmann
7 Fluss im nördlichen Ruhrgebiet
8 Hier wird die Kohle abgebaut
9 Gerät zum Abbau von Kohle

Die Buchstaben in den mit ① bis ⑤ gekennzeichneten Feldern ergeben die Lösung. Sie nennt den eigentlichen Abbaubereich der Kohle.

Tour durch Nordrhein-Westfalen (1)

Name:	Klasse:	Datum:

Toni, Nicole und Tim unternehmen je eine Reise durch Nordrhein-Westfalen (NRW). Jede Reise beginnt und endet an einem unterschiedlichen Ort.
Deine Aufgabe ist es nun, die jeweilige Route anhand der Beschreibungen herauszufinden.

	Tonis Tour	Nicoles Tour	Tims Tour
1	Toni landet auf dem Rheinflughafen und beginnt seine Tour damit in der Hauptstadt von Nordrhein-Westfalen.	Nicole beginnt ihre Reise im Nordosten von Nordrhein-Westfalen, in einer Stadt mit ca. 300 000 Einwohnern, in der die Firma Dr. Oetker seit 1891 Backzutaten herstellt.	Tim bricht in der Stadt auf, die an der Mündung der Ruhr in den Rhein liegt. Die hiesige Ruderregattastrecke gilt als die beste der Welt.
2	Weiter Richtung Süden in die Hochburg des rheinischen Karnevals, Heimat eines berühmten Parfüms und Standort eines Doms im gotischen Stil (1248 Baubeginn).	Nächster Stopp: zentral im Ruhrgebiet, zwischen den beiden größten Städten (nach Einwohnerzahl), Besichtigung der seit 1960 ansässigen Opelwerke und des 1991 gegründeten Technologiezentrums für Mikroelektronik.	Ca. 16 km östlich, zwischen Ruhr und Emscher; Sitz der Ruhrkohle AG (= größtes deutsches Steinkohleunternehmen). Tim interessiert mehr die Gruga-Halle (= zweitgrößte Sport- und Mehrzweckhalle im Ruhrgebiet).
3	Richtung Westen, nahe der niederländischen und belgischen Grenze liegt die Lieblingspfalz von Karl dem Großen und Krönungsstätte von 32 deutschen Königen. Außerdem gehört der Dom zum Weltkulturerbe.	Richtung Westnordwest über Dortmund-Ems-Kanal und Emscher; hier wird in der Zeche Prosper Haniel Steinkohle abgebaut (unter Tage, in ca. 1500 m Tiefe) und zu hochwertiger Kokskohle weiterverarbeitet.	Nach Nordosten, ca. 10 km; die schnellsten Traber und Galopper der Welt laufen hier um die Wette. Und Schalke 04 hat im Parkstadion (70 000 Plätze) seine Heimspiele.
4	Jetzt Richtung Nordosten bis an die Weser; nahe der gesuchten Stadt liegt in der Klosterkirche von Corvey A. H. Hoffmann von Fallersleben begraben, der das Deutschlandlied gedichtet hat.	Nach Süden an die Ruhr; der Steinkohlenabbau ist hier längst eingestellt, Großhandel und Schwerindustrie sind heute von Bedeutung; ein Beispiel: Mannesmann fertigt Röhren für Erdgas- und Erdölpipelines.	Gerade mal 10 km Richtung Südosten liegt Tims nächstes Ziel: auch eine Fußballhochburg. Er genießt jedoch lieber die Karibikstimmung im Aquadrom, einem der schönsten Erlebnisbäder Europas.
5	Nun Richtung Westen in die Städtelandschaft des Ruhrgebiets; Toni will sich das Musical „Starlightexpress" anschauen. Der Veranstaltungsort liegt ca. 20 km westlich von Dortmund direkt am Ruhrschnellweg.	Ruhrabwärts bis zur Mündung; die hier gelegene Stadt hat den größten Binnenhafen der BRD. Unter den Stahlstandorten in Deutschland belegt sie den Spitzenplatz. 1972 wurde hier eine der 13 Universitäten des Ruhrgebiets gegründet.	Östlichste Großstadt im Ruhrgebiet (573 000 Einwohner); Standort für Brauereien, Universitäten, Eisen und Stahl schaffende Industrie; für Tim hat die Pferderennbahn die größte Anziehungskraft.
6	Ca. 25 km nach Süden; letzte Station: Stadt, die nach dem Fluss benannt ist, in dessen Tal sie liegt. Berühmte Sehenswürdigkeit: 13,3 km lange Schwebebahn (erbaut 1898–1901).	Ca. 45 km Richtung Südsüdwest, dem Verlauf von Rhein und Erft folgend beendet Nicole ihre Reise im Nordosten der Braunkohlegruben Garzweiler, wo im Tagebau Braunkohle zur Energiegewinnung abgebaut wird.	Nach so viel Anschauen und Zuschauen wird Tim selbst aktiv und erklimmt den höchsten Berg Nordrhein-Westfalens an der südöstlichen Landesgrenze zu Hessen.

Lösung siehe Seite 65

16

Globus 3 © 1997 R. Oldenbourg Verlag

Tour durch Nordrhein-Westfalen (2)

Name:	Klasse:	Datum:

Trage die Stationen jeder Reise in das Lösungsschema ein und zeichne die Reiserouten in die Karte ein. Am besten verwendest du für jede Route eine andere Farbe.

Sind alle Reiserouten entschlüsselt, dann ergibt sich der Ort, an dem sich Toni, Nicole und Tim getroffen haben.

Wenn du die nummerierten Buchstaben in die noch übrigen Lösungskästchen schreibst, werden die besonderen Interessen der drei Reisenden aufgedeckt.

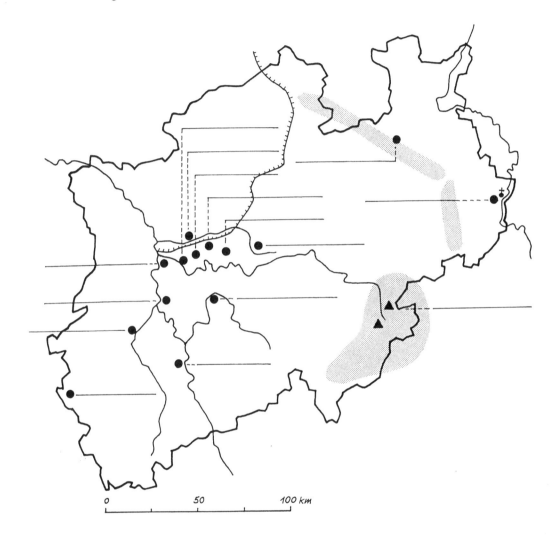

Beachte beim Eintragen in das folgende Lösungsschema, dass Umlaute UE oder OE geschrieben werden.

Toni   Nicole   Tim

1   17   15   5

2 1   2   11

3   14   21   4   9

4   16   13   19

5   12   8   10

6 7   18   20   6   3

1	2	3	4	5	6		7	8	9	10	11	12	13	14	15	16		17	18	19	20	21

Das große 5 x 5-Quiz der neuen Bundesländer

Name: Klasse: Datum:

Bei diesem Rätsel könnt ihr die Vielseitigkeit eures Wissens beweisen.

Zu fünf verschiedenen Wissensgebieten findet ihr je fünf Fragen. Schreibt zunächst die Lösungen in die darunter liegenden Antwortfelder. Anschließend müsst ihr entscheiden, zu welchem Bundesland die Antwort passt. Für jedes der fünf neuen Bundesländer trifft aus jedem der fünf Wissensgebiete je eine Antwort zu. Der dick umrandete Buchstabe wird nun an der richtigen Stelle in die Karte eingetragen. Dabei helfen euch die Buchstaben A–E (entsprechend den fünf Wissensgebieten). Wenn ihr alles richtig gemacht habt, werden euch lohnende Ausflugsziele in den einzelnen Bundesländern verraten. Viel Spaß!

(Beachte: Ä = AE, Ö = OE, Ü = UE)

Ⓐ Geschichte

- Vereinigung norddeutscher Kaufleute im Mittelalter
- Stadt, in der Luther wirkte
- Residenzstadt der preußischen Herrscher
- Zentrum der deutschen Klassik
- Stadt, die Elbflorenz genannt wird

Ⓑ Topografie

- Stadt an der Spree
- Höchster Berg in den neuen Ländern
- Quellfluss der Weser
- Stadt an Elbe und Mittellandkanal
- Größte deutsche Insel

Ⓒ Naturraum

- Tiefland an der Oder
- Moorlandschaft in der Altmark
- Aus Kreidesandsteinen aufgebautes Tafelland
- Vom Meer fast abgeschnittene Buchten
- Muschelkalkschichtstufe im Thüringer Becken

Ⓓ Wirtschaft

- Größter deutscher Ostseehafen
- Standort der Autoindustrie (früher Trabi, jetzt Polo)
- Altes Zentrum der Bekleidungsindustrie
- Standort der Firma Carl Zeiss
- Industriezweig um Halle

Ⓔ Vermischtes

- Bergrücken mit Barbarossa- und Kaiser-Wilhelm-Denkmal
- Bodenschatz in der Niederlausitz
- Das „Tor" zur Insel Rügen
- Fruchtbares Lössgebiet
- Zentrum der Sorben, Stadt an der Spree

Berlin

Berliner Wortsalat

Name: Klasse: Datum:

① **In den folgenden Begriffen, die alle etwas mit Berlin zu tun haben, sind die Buchstaben durcheinander geraten. Kennst du die richtigen Wörter? Schreibe diese darunter.**

REESP   WRUNEGDAL   TFUKUMRN   TRECIAHGS

SUELSEIGESÄ   RBÄ   ERILBENR MDO   AXELANRDPEZALT

PANDSUA   RMERFHESTUN   KBREZUGER   MIMUSEUNSLES

② **Ordne die oben gefundenen Begriffe den Beschreibungen zu. Die Lösung ergibt einen Ausspruch, mit dem Berlin für sich wirbt. Warum gerade mit diesen beiden Wörtern?**

1 Wappentier Berlins
2 Bekannter Platz in der City-Ost
3 Fluss, der Berlin durchfließt
4 Typischer Berliner Stadtwald
5 Standort vieler Museen, von der Spree umflossen
6 Stadtbezirk im Westen Berlins
7 Stadtbezirk im Zentrum von Berlin, mit hohem Anteil türkischer Einwohner

8 „Bruder" des Funkturms im Osten Berlins
9 Weithin sichtbares Bauwerk mit einem goldenen Engel
10 Die Berliner nennen ihn „langer Lulatsch"
11 Historisches Bauwerk
12 Zukünftige Beratungsstätte des Deutschen Bundestages

Lösung: _____

München – Stadt bekannter Denkmäler

Name: Klasse: Datum:

1 _____

2 _____

3 _____

4 _____

5 _____

6 _____

7 _____

8 _____

9 _____

10 _____

11 _____

12 _____

13 _____

Ordne die folgenden Namen der Denkmäler den Skizzen zu.

Wenn du die Aufgabe richtig gelöst hast, ergeben die fett gedruckten Buchstaben eine Bezeichnung für München.

Deutsches Museum – **H**ofbräuhaus – **O**lympiapark – Sch**l**oss Nymphenburg – **M**aximilianeum – Sen**d**linger Tor – Propylä**e**n – **I**sartor – Pete**r**skirche – **A**ltes Rathaus – Bava**r**ia – Fraue**n**kirche – Alter Ho**f**

Eine Bezeichnung für München lautet: _____

Alle Staaten Europas unter einem Zeltdach

Name: Klasse: Datum:

... mit Toren und Fenstern aus nebeneinander liegenden gleich lautenden Buchstaben

Bei den Lampions brennt nur jedes zweite. Ersetze die fehlenden Buchstaben. Dann erhältst du die Namen zweier europäischer Institutionen (Einrichtungen).

Alle Kästchen sind von oben nach unten auszufüllen. Beachte: Ä = AE, Ö = OE, ß = SS

1 Inselstaat zwischen Europa und Afrika
2 Geteilter Inselstaat im östlichen Mittelmeer
3 Staat Ostmitteleuropas
4 Staat mit geistlichem Oberhaupt
5 Westeuropäischer Staat
6 Südeuropäischer Staat auf der Iberischen Halbinsel
7 Mitteleuropäischer Staat
8 Südosteuropäischer Vielvölkerstaat
9 Südeuropäischer Staat am Atlantik
10 Nordeuropäischer Staat an der Ostsee
11 Nordeuropäischer Staat an der Nordsee
12 Südosteuropäischer Staat (Hauptstadt Tirana)
13 Südosteuropäischer Staat (Hauptstadt Zagreb)
14 Kleinster Staat Westeuropas
15 Südeuropäischer Kleinstaat
16 Südosteuropäischer Staat (Hauptstadt Laibach)
17 Südosteuropäischer Staat (Hauptstadt Skopje)
18 Ostmitteleuropäischer Staat (Hauptstadt Prag)
19 Südosteuropäischer Staat (Hauptstadt Belgrad)
20 Westeuropäischer Staat an der Nordsee
21 Mitteleuropäischer Kleinstaat
22 Westeuropäischer Inselstaat
23 Osteuropäischer Staat (Hauptstadt Minsk)
24 Südeuropäischer Staat
25 Größter mitteleuropäischer Staat
26 Mitteleuropäischer Gebirgsstaat
27 Größter westeuropäischer Staat
28 Osteuropäischer Staat (Hauptstadt Kischinau)
29 Südosteuropäischer Staat (Hauptstadt Sofia)
30 Südosteuropäischer Staat (Hauptstadt Bukarest)
31 Ostmitteleuropäischer Staat (Hauptstadt Pressburg)
32 Größter osteuropäischer Staat
33 Nordeuropäischer Staat (Hauptstadt Helsinki)
34 Nordosteuropäischer Staat (Hauptstadt Riga)
35 Nordosteuropäischer Staat (Hauptstadt Reval)
36 Nordosteuropäischer Staat (Hauptstadt Wilna)
37 Südeuropäischer Staat auf der Apenninenhalbinsel
38 Südeuropäischer Kleinstaat in den Pyrenäen
39 Osteuropäischer Staat (Hauptstadt Kiew)
40 Westeuropäischer Inselstaat
41 Nordwesteuropäischer Staat auf einer Vulkaninsel
42 Ostmitteleuropäischer Staat an der Ostsee

Europa entgegen dem Uhrzeigersinn –
und Gebirge dagegen

| Name: | Klasse: | Datum: |

K   O O   D O

N   N

◇   ◇

◇   ◇   ◇   D

P   ◇

S   E   N

U

K   ○

A

○

A   ⬡   ○

A   N   A

D

Z   L   ⬡   E   E   ⬡

◇   N   ⬡   ⬡   E   ▢

Gebirge im Uhrzeigersinn:

○ = ▢▢▢▢▢▢▢▢▢   ◇ = ▢▢▢▢▢▢▢

▢ = ▢▢▢▢   ⬡ = ▢▢▢▢▢▢

S

Der erste und letzte Buchstabe des gesuchten Wortes ist jeweils angegeben. Beachte: Ä = AE

Staat in Ostmitteleuropa
Staat in Westeuropa
Staat in Mitteleuropa
Staat in Nordeuropa
Gebirge zwischen Europa und Asien
Staat in Mitteleuropa
Insel im Mittelmeer
Europäisches Randmeer
Staat in Westeuropa
Strom in Mittel- und Südosteuropa

Staat in Ostmitteleuropa
Staat in Nordeuropa
Nördlichster Punkt Europas
Staat in Südeuropa
Fluss in Frankreich
Fluss in Norddeutschland
Insel im Mittelmeer
Höchstes Gebirge Europas
Staat in Westeuropa
Unser Kontinent
Teil des Mittelmeeres
Ozean im Westen von Europa

Gebirge im Uhrzeigersinn:

○ = Gebirgszug einer südeuropäischen Halbinsel

▢ = Grenzgebirge zu Asien

◇ = Gebirgszug in Ostmittel- und Südosteuropa

⬡ = Gebirge in Griechenland

Lösung siehe Seite 66

Globus 3 © 1997 R. Oldenbourg Verlag

Das ABC der Städte in den Alpen und am Alpenrand

Name: | Klasse: | Datum:

A Französische Fremdenverkehrsstadt am Fuße der Meeralpen

B Größte Stadt der französischen Alpen, Olympische Winterspiele 1968

C Größte Stadt der Schweiz am gleichnamigen See (Ü = UE)

D Hauptstadt der Region Friaul/Italien

E Bedeutendste Hafenstadt Frankreichs am Mittelmeer

F Schweizer Stadt am Ausfluss der Rhône aus dem gleichnamigen See

G Hauptstadt des österreichischen Bundeslandes Steiermark

H Deutscher Name der Hauptstadt Sloweniens

I Deutsche Stadt im Bodensee

K Hauptstadt des österreichischen Bundeslandes Tirol

L Hauptstadt der italienischen Region Lombardei

M Hauptstadt Bayerns (Ü = UE)

N Hauptstadt der Schweiz

O Hauptstadt Südtirols/Italien

P Dorf am Rande des Nationalparks Hohe Tauern, Gletscherskigebiet

Q Französische Stadt an der Durance am Südrand der Franz. Kalkalpen

R Hauptstadt der Region Piemont/Italien

S Schweizer Industriestadt am Rhein

T Italienische Hafenstadt am gleichnamigen Golf

U Hauptstadt der italienischen Region Ligurien

V Italienische Stadt an der Etsch, an deren Eintritt in die Poebene

W Hauptstadt Österreichs

X Schweizer Fremdenverkehrsort am Ostufer des Genfer Sees

Y Französische Großstadt am Zusammenfluss von Rhône und Saône

Z Österreichische Festspielstadt am Rande der gleichnamigen Alpen

Österreichische Kastenrätseltreppe

Name: Klasse: Datum:

Die Buchstaben – von oben nach unten gelesen – ergeben

☐ den Namen des östlichsten österreichischen Bundeslandes: _____

▨ den Namen der Hauptstadt der Steiermark: _____

⬚ den Namen des größten Sees im Salzkammergut: _____

◯ den Namen des südlichsten Bundeslandes (Ä = AE): _____

◌ den Namen der Landeshauptstadt von Oberösterreich: _____

1 Höchster Gipfel einer Berggruppe in den Hohen Tauern, 3674 m

2 Bedeutender Sommer- und Winterurlaubsort im Zillertal/Tirol

3 Von keiner Straße gequerte, stark vergletscherte Gruppe der Zentralalpen (höchster Berg: Hochfeiler 3509 m)

4 Höchster und am stärksten vergletscherter Teil der zentralen Ostalpen, auf dem Hauptkamm Grenze zwischen Österreich und Italien (Ö = OE)

5 Gruppe der Ostalpen, die in Hohe und Niedere gegliedert wird

6 Nordöstlichster Teil der Ostalpen, nahezu vollständig bewaldetes Mittelgebirge

7 Hauptstadt des Bundeslandes Kärnten

8 Gebirgsgruppe der Ostalpen östlich des Katschbergs, entwässert von der Gurk, einem Nebenfluss der Drau

9 Fremdenverkehrsstadt im Unterinntal an der Grenze zur Bundesrepublik Deutschland

10 Badekurort mit Spielkasino, Wintersportort in den Hohen Tauern, an einem rechten Nebenfluss der Salzach gelegen

Schweizer Silbenrätsel

Name: Klasse: Datum:

Die Buchstaben in den Kästchen ergeben den Staatsnamen der Schweiz.

Silben:
aar – al – al – al – al – al – ba – ber – bern – bo – bur – den – en – fer – fins – frau – ga – gal – gen –
genf – ger – gio – glar – go – horn – horn – ju – jung – la – lau – len – li – lu – mag – mat – mon – ne –
ne – ner – ner – ner – ner – neu – pen - pen – pen – pen – pen – ra – rä – re – rhein – rho – rich – rich –
ro – sa – san – sankt – sche – schwei – see – see – see – see – see – see – sel – ser – si – stät – te –
ter – ter – ter – tes – ti – vier – wal – wald – zer – zü – zü

I _ _ _ ☐ _ _ _ _	D _ ☐ _ _ _ _ _
II _ _ ☐ _ _ _ _	a _ _ ☐ _ _ _ _
III _ _ _ _ _ _ _ _	b _ _ _ ☐ _ _ _ _ _
IV _ _ _ _ _ ☐ _ _ _ _ _	E _ _ _ _ _ _ _ _ _
	c _ _ _ _ _ _
V ☐ _ _ _ _ _	d _ _ _ _ _ _ _
VI _ _ _ _ _ _ ☐	F _ ☐ ☐ _ _ _ _
VII _ _ ☐ _ _ _ _	1 _ _ _ _
VIII _ _ _ _	2 _ ☐ _ _
IX _ ☐ _ _	3 _ ☐ _ _ _ _
A _ _ _ _ _ _ _ _	4 _ _ ☐ _
B _ _ _ _ _	5 _ _ _ _ _
C _ _ ☐ ☐ _ _ _ _	6 _ _ _ ☐ _ _

Staatsname der Schweiz: SCHWEIZER _ _ _ _ _ _ _ _ _ _ _ _ _ _ _ _ _

Südtiroler Kastenrätsel

Die Buchstaben in den stark umrandeten Feldern ergeben – von oben nach unten gelesen – den Namen einer Fremdenverkehrsstadt an der Brennerautobahn.

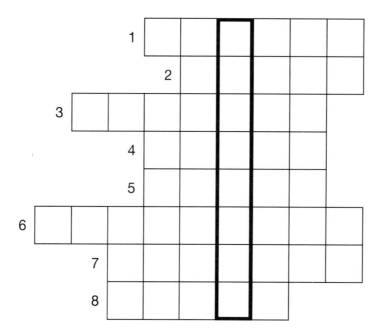

1 Nebenfluss der Etsch in Südtirol
2 Größter Fluss Südtirols, entspringt am Reschenpass
3 Hauptort des Pustertales
4 Weltbekannter Kurort an der Etsch
5 Hauptstadt von Südtirol
6 Viel besuchter Gebirgszug der Südlichen Kalkalpen mit vielen über 3000 Meter hohen Gebirgs-stöcken
7 Meistbefahrener Alpenpass zwischen Nord- und Südtirol
8 Italienischer Name der Etsch

Kulinarische Tour de France

Name: Klasse: Datum:

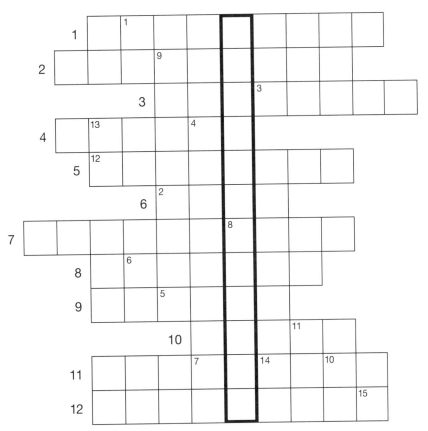

1 Ort in der Normandie, zugleich ein Weichkäse mit weißem Schimmelbelag

2 Landschaft östlich von Paris, aus der ein berühmter Schaumwein kommt

3 Hafenstadt in Südfrankreich, der ein bekannter Rotwein seinen Namen verdankt

4 Dünne Eierpfannkuchen (Mehrzahl)

5 Landschaft im Südosten Frankreichs, bekannt für Kräuter („Kräuter der . . .")

6 Landschaft östlich von Paris, nach der ein Weichkäse benannt wurde

7 Landschaft nordwestlich von Lyon, der ein berühmter französischer Rotwein seinen Namen verdankt

8 Ort ca. 20 km östlich von Auxerre, bekannt durch einen Weißwein gleichen Namens

9 Stadt ca. 100 km nördlich von Bordeaux, der französischer Weinbrand seinen Namen verdankt

10 Stadt mit bedeutender Senfherstellung in Burgund

11 Blätterteighörnchen, das zum Frühstück gegessen wird

12 Ort ca. 125 km nordöstlich von Toulouse, zugleich ein Schimmelkäse

Die Buchstaben in den dick umrandeten Kästchen nennen dir – von oben nach unten gelesen – die französische National-hymne. Das Lösungswort erinnert an den Namen einer südfranzösischen Hafenstadt.

Wenn du die Buchstaben in den nummerierten Kästchen unten richtig einträgst, ergeben sie jeweils drei Städte, Flüsse und Landschaften in Frankreich.

Städte:

12	1	13	7	14

9	1	13	14	4	7	8	8	4

11	13	8	4	1	10	14

Flüsse:

13	6	11	10	4

8	11	7	13	4

14	4	7	10	4

Landschaften:

8	11	15	6	13	7	10	5	4	10

2	13	4	15	1	5	10	4

10	11	13	9	1	10	3	7	4

Sehenswürdigkeiten von Paris

Name:	Klasse:	Datum:

Finde die Lösungswörter.

Diese gotische Kathedrale steht auf der Seine-Insel. Sie stellt den Mittelpunkt Frankreichs dar: Alle Entfernungen der Nationalstraßen werden von hier aus gemessen.

`[ ][ ][3][ ][ ]  [11][ ][ ][ ][ ]`

Bei seiner Fertigstellung 1889 wurde er zur „Schande von Paris" erklärt. Heute ist das rund 300 Meter hohe Bauwerk mit 1652 Stufen das Wahrzeichen der Stadt.

`[ ][ ][ ][ ][ ][ ][7][ ][ ][14][ ]`

In der Nähe dieser weißen Kuppelkirche auf dem Hügel von Montmartre im Norden der Innenstadt befindet sich der Pariser Künstlermarkt.

`[6][ ][ ][ ]  [ ][12][ ][ ][ ]`

Dieses ehemalige Schloss am rechten Seine-Ufer gehört zu den bedeutendsten Museen der Welt. Es beherbergt rund 300 000 Kunstwerke in 200 Sälen und Galerien.

`[ ][15][ ][13][ ][ ]`

Er steht mitten auf dem verkehrsreichsten Platz von Paris, auf den sternförmig zwölf Straßen zulaufen. Hier kann man das Grabmal des unbekannten Soldaten besuchen.

`[10][4][ ][ ][1][ ][ ][ ][ ][ ][ ]`

Dieses Gebäude ist Grabstätte hoher Militärs. In einem Sarkophag unter der großen Kuppel ruht Kaiser Napoleon I.

`[ ][ ][ ][2][ ][16][ ][ ][9][ ]`

Dieser Palast ist Sitz des französischen Staatspräsidenten. Name und Lage des Bauwerks geben dir einen Hinweis auf die bekannteste Prachtstraße von Paris.

`[ ][ ][ ][5][ ][17][ ][ ][8][ ]`

Lösungswörter:

`[1][2][3][4][5] — [6][7][8][9][10]  [11][12][13]  [14][15][16][17]`

Topografierätsel zu Großbritannien

Name:	Klasse:	Datum:

1 Gebirgszug in England
2 Land Großbritanniens
3 Stadt ca. 50 km nördlich von Birmingham, zugleich Name für Pferderennen und andere Wettkämpfe
4 Hafenstadt in Cornwall
5 Stadt in Mittelengland, ehemaliges Textilzentrum von England und dem Commonwealth
6 Land im Norden Großbritanniens
7 Teil einer Nachbarinsel von Großbritannien, der zum Vereinigten Königreich gehört
8 Weltberühmte Universitätsstadt in England, etwa 80 km nördlich von London gelegen
9 Land im Südwesten Großbritanniens, in dem neben Englisch eine andere Sprache gesprochen wird
10 Hauptstadt Nordirlands

11 Bedeutende Hafenstadt im industriellen Herzen Englands, am Mersy gelegen
12 Stadt an der östlichen Einfahrt in den Kaledonischen Kanal
13 Höchster Berg Großbritanniens
14 Hauptstadt des Vereinigten Königreiches
15 Hafenstadt an der Irischen See; dort finden die Parteitage der Labour Party statt
16 Landschaft im Norden Irlands
17 Fluss durch London
18 Gebirge in Schottland
19 Stadt mit einer berühmten Eliteschule, westlich von London an der Themse gelegen
20 Gebirge in Wales

Die Buchstaben in den dick umrandeten Kästchen nennen dir – von oben nach unten gelesen – eine Entwicklung, die Großbritannien und später die ganze Welt nachhaltig verändert hat.

Die Buchstaben in den Kreisen sind ungeordnet. In der richtigen Reihenfolge ergeben sie die englische Bezeichnung für das Vereinigte Königreich (England, Schottland, Wales und Nordirland):

Kennst du London?

Name: Klasse: Datum:

1 Verkehrsreicher Platz in London, den man ohne Werbung nicht fotografieren kann

2 Fluss durch London

3 Wächter im Tower

4 Bahn unter der Erde

5 Vorort von London, durch den der Nullmeridian verläuft

6 Wohnsitz der englischen Königin

7 Krönungskirche der englischen Königinnen und Könige

8 Vornehmes Wohnviertel im Westen von London

9 Gebäude, in dem die Kronjuwelen aufbewahrt werden

10 Volksvertretung, Gebäude mit berühmtem Glockenturm

11 Sitz der Zeitungskonzerne (Straßenname!)

12 Regierungsviertel

13 Vorort von London, in dem ein bedeutendes Tennisturnier auf Rasen durchgeführt wird

14 Platz, der an eine wichtige Seeschlacht erinnert

15 Sammlung von Kunstschätzen aus aller Welt

16 Wichtiger Bahnhof, der den Namen einer Königin trägt

17 Brücke über die Themse

18 Großes Kaufhaus

19 Londoner Kriminalpolizei

Die Buchstaben in den dick umrandeten Kästchen nennen dir – von oben nach unten gelesen – eine Touristenattraktion in London.

Die Buchstaben in den Kreisen – ebenfalls von oben nach unten gelesen – verraten dir, wo sich der Amtssitz des britischen Premierministers befindet:

Tour durch London

Name:	Klasse:	Datum:

Zeichne die Route in den Stadtplan ein. Benenne die gesuchten Stationen.
Die Lösungswörter nennen den ehemaligen Siedlungskern der Stadt, das heutige Dienstleistungszentrum.

Wir starten an der südöstlichen Ecke des Parks im Westen der Stadt, des ☐☐☐☐[13]☐ P A R K.

Von dort aus gehen wir in östlicher Richtung zur Residenz der Königin, dem ☐☐☐☐☐☐[5]☐☐☐

P A L A C E. Dann geht es weiter nach Osten, vorbei an der Krönungskirche der englischen Könige,

der ☐☐☐☐☐[12]☐☐☐☐ ☐☐☐[7]☐☐ , zum Ufer des Flusses, der ☐☐☐☐[2]☐☐☐☐ . Nun

sehen wir den Sitz der britischen Abgeordneten, die H O U S E S ☐[9]☐☐☐☐☐ -

☐☐[15]☐ . Von hier aus wenden wir uns nach Norden zu einem Platz mit einer Säule, dem ☐☐[1]☐ -

☐☐☐☐☐ ☐☐☐☐[3]☐ . Dann biegen wir nach Nordosten ab zu einer Kirche mit einer

großen Kuppel, der S T. P A U L ' S ☐☐[6]☐☐☐☐ . Nach einem Marsch in

südöstlicher Richtung erreichen wir am Flussufer ein Gebäude, in das wir hoffentlich nicht eingesperrt wer-

den: den ☐[11]☐☐ . Jetzt besteigen wir ein Schiff und fahren flussabwärts unter der bekannten Brücke

mit den zwei Türmen, der ☐☐[14]☐ B R I D G E , hindurch. Links sehen wir die ersten Hafen-

anlagen, die L O N D O N ☐[8]☐☐☐ . Wir fahren weiter flussabwärts und besuchen zum

Schluss das „neue" alte Hafengebiet, die ☐☐[4]☐[10]☐☐☐ . Zurück in die Innenstadt nehmen wir

die Schnellbahn.

Lösungswörter:

1	2	3		4	5	6	7		8	9		10	11	12	13	14	15

Nordeuroparätsel

Name: Klasse: Datum:

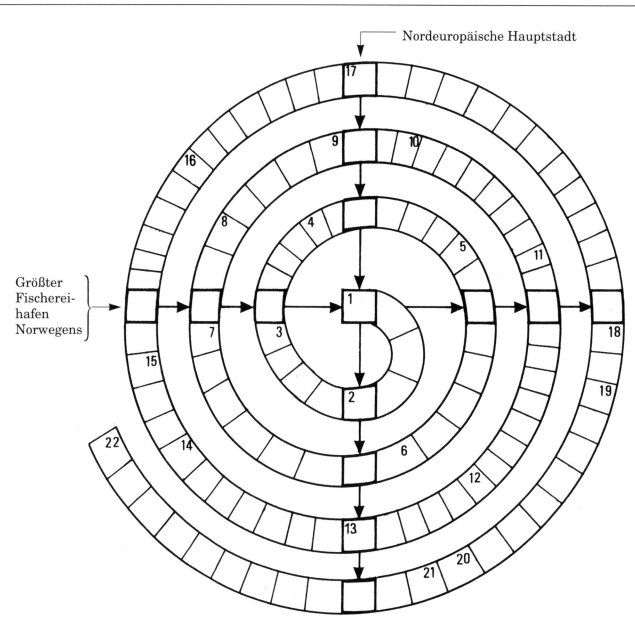

Nordeuropäische Hauptstadt

Größter Fischerei-hafen Norwegens

1 – 2	Wie nennen die Finnen ihr Land?
2 – 3	Ort am Inarisee in Lappland
3 – 4	Schwedische Ostseeinsel
4 – 5	Landschaft in Mittelschweden
5 – 6	Ortschaft in Nordisland (18° w. L.)
6 – 7	Größter See in Lappland
7 – 8	Größtes Wildtier Nordeuropas
8 – 9	Vulkan im südlichen Island
9 – 10	Schwedisch: Fluss
10 – 11	Halbinsel und Fjord in Nordostnorwegen
11 – 12	Stadt in Westjütland (~ 56° n. Br.)
12 – 13	Fischersiedlung am Ausgang des Tanafjords (~28° ö. L.)

13 – 14	Meeresteil zwischen Jütland und Südschweden
14 – 15	Grenzfluss zwischen Finnland und Norwegen
15 – 16	Fjord in Nordostisland (~ 17° ö. L.)
16 – 17	Nordeuropäische Sprache
17 – 18	Gebirgslandschaft in Südnorwegen
18 – 19	Finnischer Name für Turku
19 – 20	Eine der drei Verbindungen zwischen Ostsee und Kattegat
20 – 21	Internationales Kfz-Kennzeichen für Dänemark
21 – 22	Fährhafen in Südnorwegen

Beachte: Ö = OE, Ø = OE, Ä = AE, Å = A

Kreuz und quer durch Südeuropa

Finde das richtige Lösungswort.

Sein Standbild steht am Hafen von Barcelona. Er war der Entdecker Amerikas.

Diese Stadt, die im Osten der Poebene liegt, heißt wie ein Nebenmeer des Mittelmeeres.

Zu diesem heiligen Berg auf dem östlichen „Finger" der nordgriechischen Halbinsel Chalkidike haben nur Männer Zutritt.

Sie ist die nordöstlichste spanische Badeküste.

Diese italienische Stadt wurde bei einem Vulkanausbruch verschüttet.

In diesem Amphitheater in Rom wurden in der Antike Gladiatorenkämpfe ausgetragen.

Dieser Ort in Südfrankreich ist bekannt wegen seines Spielcasinos und seiner Autorennen.

Mit diesem Verkehrsmittel bewegt man sich in Venedig fort.

So heißt Spanien auf Spanisch.

Dieser antike griechische Tempel steht in Athen.

Südeuropa (1)

| Name: | Klasse: | Datum: |

Du brauchst zur Lösung des Rätsels den Atlas und deinen Grips, denn manchmal ist die Aufgabenstellung ein bisschen knifflig.

Trage die Antworten immer von oben nach unten in die Kästchen ein. Die grau unterlegten Kästchen ergeben vier Lösungswörter.

Zum Schluss kannst du noch die Buchstaben, die mit zusätzlichen Ziffern versehen sind, in die dafür vorgesehenen Kästchen eintragen. Du erhältst dann einen unter dem jeweiligen „Sonnenschirm" gebräuchlichen Gruß.

1 Diese Stadt hat folgende Lage im Gradnetz: 40° 30' N / 3° 60' W.

2 Westlichste Hauptstadt Südeuropas.

3 Beim Grenzübertritt ändert sich der Name dieses Flusses geringfügig. Wie heißt er, bevor er in den Atlantik mündet?

4 Kleinstes Land Südeuropas (Fläche).

5 Größtes Land Südeuropas, fünfmal größer als das kleinste südeuropäische Land (Fläche).

6 Spanische Bezeichnung für „Hochfläche".

7 Bedeutende Industrie- und Hafenstadt südlich der Pyrenäen. Von hier aus fahren Fährschiffe zu den Balearen.

8 In dieser Bewässerungsoase an der Costa Blanca gibt es Dattelpalmen, Orangen-, Feigen- und Mandelbaumhaine, aber keine nordischen Hirsche, so wie es der Name vermuten lässt.

9 In der richtigen Reihenfolge ergeben diese Buchstaben einen nordspanischen Fluss: R O B E.

10 Die Straße von Otranto trennt dieses Nebenmeer vom Mittelmeer.

11 Hafenstadt, ca. 190 km südöstlich von Rom.

12 Im Jahr 79 nach Christus brach dieser 1277 m hohe Vulkan aus und begrub die römische Siedlung Pompeji unter seiner Asche.

13 Hafenstadt am Absatz des Stiefels.

14 Herkunftsland von Fiat, Ferrari, Pizza, Pasta, Parmesan.

15 Fluss durch Rom.

16 Diese Stadt hat folgende Lage im Gradnetz: 44° 40' N / 9° O.

17 Durch sie fließt ein norditalienischer Fluss mit ganz kurzem Namen.

18 Florenz ist die Hauptstadt der gesuchten Region.

19 Kleine Stadt an der Eisenbahnlinie von Athen nach Thessaloniki, ca. 80 km von Athen entfernt.

20 Inselreiches Meer östlich von Griechenland.

21 Dieser mit 2917 m höchste Gebirgsstock Griechenlands galt in der Antike als Sitz der Götter Zeus, Hera und anderer.

22 Halbinsel mit drei Fingern zwischen Thermaischem und Strymonischem Golf.

23 Vielfach besungene Hafenstadt nahe der Hauptstadt des östlichsten Landes von Südeuropa.

24 Kleine Stadt an der Landenge zwischen Peloponnes und Festland. Nach ihr sind auch ein Meeresarm und ein Kanal benannt.

25 Diesen genügsamen Tieren mit dem dicken Pelz wird oft Blödheit nachgesagt.

26 Vegetationsform aus Büschen und Sträuchern mit kleinen, immergrünen, derben Blättern oder nadelförmigen Blättern, die sich ausbreiteten, nachdem der ursprüngliche Wald abgeholzt war.

27 Wird diese kleine Frucht ausgepresst, dann erhält man ein leckeres Speiseöl.

28 Erschütternde Naturkatastrophe.

29 Aus welchem Getreide wird das Mehl für Weißbrot hergestellt?

30 Tummelplatz für Sonnenhungrige.

31 Wirtschaftszweig, der eine wichtige Einnahmequelle der Mittelmeerländer ist.

32 Der Name der Hauptstadt Österreichs leicht geschüttelt ergibt ein Getränk für Erwachsene.

33 Der Sage nach nützten antike Götter das glühende Innere dieser Berge zum Schmieden von Eisen.

Beachte: Ä = AE

Lösung siehe Seite 68

Globus 3 © 1997 R. Oldenbourg Verlag

Name:	Klasse:	Datum:

Südosteuropa

Name: Klasse: Datum:

① Sieben? Nein, 50 000 Schwaben leben heute noch in diesem Gebiet mitten in Rumänien (Ü = UE).
② Kroatische Hafenstadt, deren Name Bestandteil eines beliebten Eisbechers ist.
③ Steter Tropfen löst den Stein – vor allem den Kalkstein.
④ Österreichs südöstlichen Nachbarn kann man über den Loibl erreichen.
⑤ In hohem Bogen (bis 2543 ü. NN) durch Rumänien.
⑥ Hauptstadt des südwestlichsten Staates von Südosteuropa.
⑦ In dieser Stadt östlich des Flusses Bosna fanden die XIV. Olympischen Winterspiele statt.
⑧ Una, Vrbas, Bosna, Drina fließen rechts zur ..?... hin.
⑨ Der Name dieser Küstengegend erinnert an die weißen Hunde mit den schwarzen Flecken.
⑩ Höchster Berg im Hohen Balkan.
⑪ Nach 2850 km ein finsteres Ende für die schöne blaue Donau.

Die Buchstaben in den grau unterlegten Kästchen ergeben die Lösungswörter. Wenn du nun die mit Zahlen gekennzeichneten Buchstaben unten an den richtigen Stellen einträgst, erhältst du eine Erläuterung der Lösung.

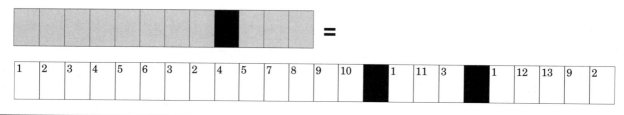

36

Globus 3 © 1997 R. Oldenbourg Verlag

Name:	Klasse:	Datum:

Bei diesem Rätsel ist einiges durcheinander geraten. Versucht herauszufinden, welche Aussagen zu welcher Stadt passen. Sammelt die jeweils angegebenen Buchstaben, ordnet sie richtig der jeweiligen Stadt zu – und ihr könnt durch ein wenig Kniffeln etwas herausfinden, das mit der Stadt zu tun hat.

`A` `E` `D`
= Mitglied einer Vereinigung norddeutscher Kaufleute im Mittelalter

`A` `Z`
= polnischer Name der Stadt

`D` `H`
= Wahrzeichen der Stadt

`T` `L` `W`
= Herzog, von dem der polnische Name abgeleitet wurde

= bekannte Biersorte

`G` `I` `V`
= riesiges Donaukraftwerk

`P` `A` `N`
= neugotisches Gebäude am Donauufer

NS – von 1920–1939 „Freie Stadt"

W – großes Judengetto im 2. Weltkrieg

O – erst seit 1993 Hauptstadt

SC – am Zusammenfluss von Moldau und Beraun

ARL – zwischen zwei lang gestreckten Donauinseln

T – Hauptstadt von H (Autokennzeichen)

AWA – Hauptstadt des größten Staates in Ostmitteleuropa

T – Flussmündungshafen

WRA – 1945 vom Deutschen Reich abgetrennt

H – Stadt der „Solidarität"

A – Hauptstadt Schlesiens

IS – am Oberlauf der Oder

I – zweitgrößte Stadt Böhmens

HRA – die „Goldene Stadt"

N – Karlsuniversität

STA – an der Weichselmündung

ABC – an einem Donaustausee

ME – 1872 aus zwei verschiedenen Städten entstanden

RS – gleichnamiges (ehem.) Militärbündnis

LS – Standort der Skodawerke

KO – zu Füßen der Kleinen Karpaten

I – im Mittelpunkt des Böhmischen Beckens

P – am Zusammenfluss von vier Flüssen

Eine Reise mit der Transsibirischen Eisenbahn

Name:	Klasse:	Datum:

Weniger ein Urlaub, mehr ein Abenteuer: eine Fahrt auf der längsten Eisenbahnstrecke der Welt. Acht Tage und acht Nächte ist man unterwegs um die 9300 Kilometer von Moskau ans Japanische Meer zurückzulegen. Die folgenden Ausschnitte sind Teile eines Reisetagebuches, dessen Seiten leider zerrissen wurden, manches ist unlesbar.

Eure Aufgabe ist es nun, die Lücken zu vervollständigen und die Buchstaben, die in den dick umrandeten Kästchen stehen, in den Lösungskasten unten auf der Seite einzutragen. Allerdings müsst ihr dabei die richtige Reihenfolge entsprechend der Reiseroute herausfinden. Der Lösungsbegriff verrät euch, auf welche Weise unser Reisender wieder heimgekehrt ist.

Wir haben soeben den Jenissej überquert. Faszinierend, seit Stunden fahren wir durch endlosen Nadelwald. Dieser hat in Russland einen besonderen Namen:

Nun bin ich also zum ersten Mal in meinem Leben in Asien. Gleich erwartet mich eine Millionenstadt, die früher Swerdlowsk hieß:

Die Grenze zwischen zwei Kontinenten hätte ich mir spektakulärer vorgestellt. Aber schließlich handelt es sich ja „nur" um ein Mittelgebirge:

Ich bin ganz aufgeregt, als die Fahrt in Moskau beginnt. Wir fahren durch große Waldgebiete, dazwischen immer wieder riesige Ackerflächen. In meinem Reiseführer lese ich, wie man diese Großlandschaft nennt:

Acht anstrengende, aber interessante Tage liegen hinter uns. Wir haben unser Ziel erreicht: Endstation der Transsibirischen Eisenbahn:

Jetzt sind wir schon den fünften Tag unterwegs. Ich freue mich sehr bald den tiefsten See der Erde zu sehen:

Wir betrachten vom Speisewagen aus den See, der 700 Kilometer lang und fast halb so groß wie Bayern ist. Der Ober serviert uns diese typische russische Gemüsesuppe mit Fleischeinlage:

Reger Verkehr herrscht auf dem Bahnhof von Ulan-Ude. Überall Menschenmassen auf den Bahnsteigen. Als ich mir eine Eisenbahnkarte anschaue, merke ich, warum. Hier zweigt eine wichtige Bahnstrecke ab, die in ein Nachbarland führt:

Am 6. Tag unserer Reise nähern wir uns der chinesischen Grenze. Draußen ist es sehr kalt. Der Boden taut hier nur im Sommer an der Oberfläche auf, deshalb nennt man ihn auch:

Bei Taischet zweigt eine Bahnstrecke ab, für die viel Geld investiert wurde um die mächtigen Rohstoffvorkommen Sibiriens zu erschließen. Sie führt bis zum Pazifischen Ozean und hat den Namen:

Heute haben wir den Ob überquert, einen der mächtigsten und längsten Flüsse der Welt. Hier liegt auch die „Hauptstadt Sibiriens":

Am dritten Tag überqueren wir einen breiten Nebenfluss des Ob. Hier liegt eine weitere Millionenstadt:

Lösung:

Lösung siehe Seite 68

Globus 3 © 1997 R. Oldenbourg Verlag

Der Kreml – die Mitte Moskaus, das Herz Russlands

Name:	Klasse:	Datum:

Ein Zahlenrätsel

Jede Zahl steht für einen Buchstaben, z. B. 3 = O (ß = ss).
Bei der Lösung des Rätsels hilft dir eine Moskaukarte im Atlas.

Außerhalb des Kreml

① Fluss, der durch Moskau fließt:

2	3	1	19	18	8

② Größter zentraler Platz der Hauptstadt:

17	3	4	9	17		14	13	8	4	6

③ Größtes Kaufhaus der Hauptstadt:

12	11	2

④ Name der Kathedrale:

20	8	1	10	13	10	11	1

⑤ Historisches Museum

⑥ Grab des Gründers der UdSSR:

13	9	5	10	5	-

2	8	11	1	3	13	9	11	2

⑦ Bekanntes Hotel (heißt wie der Fluss):

2	3	1	19	18	8

⑧ Berühmtes Theater:

20	3	13	1	7	15	3	10

Im Kreml

⑨ Hier wohnten einst die Herrscher (Zaren) Russlands:

12	17	3	1	1	9	17		19	17	9	2	13	-	14	8	13	8	1	4

⑩ Hier beraten heute die Minister:

17	9	12	10	9	17	11	5	12	1	1	10	4	6

⑪ Versammlungsstätte der Abgeordneten, 1961 errichtet:

19	3	5	12	17	9	1	1	14	8	13	8	1	4

⑫ Name des Platzes, der von vielen Kathedralen eingefasst wird:

19	8	4	15	9	16	17	8	13	9	5	-	14	13	8	4	6

1	2	3	4	5	6	7	8	9	10	11	12	13	14	15	16	17	18	19	20

Zahlenrätsel zu Nordamerika

Name: _____ Klasse: _____ Datum: _____

Jede Zahl steht für einen Buchstaben (Ö = OE). Versuche die Zahlenreihe unten möglichst vollständig auszufüllen. Die Buchstaben in den dick umrandeten Kästchen nennen dir, von oben nach unten gelesen, die ersten europäischen Entdecker Nordamerikas.

① Staat im Mittelwesten der USA

② Stadt und Staat im Nordosten der USA

③ Staat der USA, benannt nach linkem Nebenfluss des Mississippi

④ Halbinsel im Nordosten Nordamerikas

⑤ Englischer Seefahrer, nach dem eine flache Bai (Bay) in Nordostkanada und ein Fluss im Staat New York benannt sind

⑥ Nordwestlichster Staat der USA

⑦ Grasländer östlich der Rocky Mountains

⑧ Abkürzung für den Bundesstaat Arizona

⑨ Längster rechter Nebenfluss des Mississippi

⑩ Abkürzung für Vereinigte Staaten von Amerika

⑪ Wasserreichster Strom der USA

⑫ Südlichster Bundesstaat der USA

⑬ Fluss der USA, der den Grand Canyon geschaffen hat

⑭ Mittelgebirge im Osten der USA

⑮ Grenzfluss zwischen USA und Mexiko

⑯ Größte Insel der Erde

⑰ Bekannter Fremdenverkehrsort im Süden Floridas

⑱ Abkürzung für den nach dem ersten Präsidenten der USA benannten Bundesstaat

⑲ Abkürzung für Los Angeles

⑳ Stadt an der Westküste Grönlands

1	2	3	4	5	6	7	8	9	10	11	12	13	14	15	16	17	18	19	20	21	22	23

Lösungswort: ☐☐☐☐☐☐☐☐☐☐☐

USA – wer blickt dahinter?

Name:	Klasse:	Datum:

① **Die Anfangsbuchstaben der gekennzeichneten Bundesstaaten der USA ergeben den Namen einer Persönlichkeit, die in der Geschichte der USA eine entscheidende Rolle gespielt hat.**
(Vorsicht! Bei dem mit einem * markierten Bundesstaat ist der erste Namensbestandteil wegzulassen.)

② **Entscheide dich. Nur eine der Aussagen ist jeweils richtig. Unterstreiche sie.**
Wenn du die richtigen Lösungen findest, nennen dir die Zahlen das Jahr, in dem die USA eine präsidiale Republik wurden.

Vermouth	**1** Wermutwein	**2** italienische Stadt in der Provinz Ascoli Piceno	**0** einer der Neuengland-staaten im NO der USA
Main	**3** Staat im NO der USA	**7** rechter Nebenfluss des Rheins	**8** Insel im Überlinger See (Bodensee)
Jersey	**9** Fabrikstadt im NO der USA	**4** gewalkter Stoff aus Baumwolle	**8** britische Kanalinsel an der NW-Küste Frankreichs
Virginia	**7** lange Zigarre mit einem Mund-stück aus Stroh	**6** eine der British Virgin Islands	**5** Seebad an der Atlan-tikküste der USA

Der Schatz der Inkas – ein Südamerikarätsel

Name: Klasse: Datum:

In diesem Rätsel geht es darum, einen bisher unbekannten Schatz der Inkas zu entdecken. Um herauszufinden, an welchem Ort der Schatz liegt, müsst ihr zuerst den richtigen Weg durch das Labyrinth suchen. Auf dem Weg zur Schatzkammer findet ihr immer wieder einzelne Buchstaben. An diesen Stellen sollt ihr die jeweilige Frage aus dem nebenstehenden Fragenkatalog beantworten und die Lösung jeweils senkrecht von links nach rechts in die Lösungspyramide eintragen. Wenn ihr alles richtig gemacht habt, verraten euch die Buchstaben in den dick eingezeichneten Kästchen den Namen des Ortes, an dem der geheime Goldschatz liegt.

A – Hauptstadt Venezuelas
B – Höchster schiffbarer See der Erde
C – Südamerikanische Grassteppe
D – Südspitze des Kontinents
E – Umhang der Indios
F – Erzmine in Brasilien
G – Nachkommen von Indios und Weißen
H – Südamerikanisches Tier / Wolllieferant
I – Hauptstadt von Ecuador
J – Hauptstadt der Inkas
K – Landwirtschaftlicher Großgrund-
    besitz

Städte Afrikas, dazu zwei Staaten und eine portugiesische Insel

Name:	Klasse:	Datum:

Alle gesuchten Namen sind in der Karte mit einer Ziffer eingetragen. Die Ziffern für die Hauptstädte stehen in einem Kreis, die Ziffern für die Staaten im Quadrat.

Senkrecht: 1–8
Senkrecht und waagerecht: 2 und 4
Waagerecht: 9–18

Zahlenrätsel zu Afrika

Name:	Klasse:	Datum:

Jede Zahl steht für einen Buchstaben. Versuche der Zahlenreihe die richtigen Buchstaben zuzuordnen.
Die Buchstaben in den Kreisen nennen dir, von oben nach unten gelesen, den Namen der Hauptinsel eines tropischen westafrikanischen Inselstaates.

Die Buchstaben in den stark umrandeten Feldern sind ungeordnet. In der richtigen Reihenfolge ergeben sie Vor- und Nachnamen eines afrikanischen Friedensnobelpreisträgers (geb. 1918).

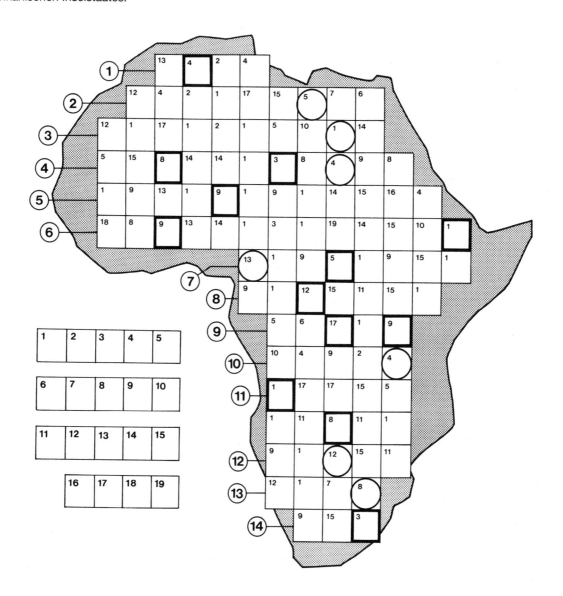

1 Westafrikanischer Staat (Hauptstadt Lomé)
2 Hauptstadt von Somalia (in manchen Atlanten sh = sch)
3 Größter Inselstaat Afrikas
4 Westafrikanischer Staat mit der Hauptstadt Freetown
5 Hauptstadt eines ostafrikanischen Inselstaates
6 Staat, der aus Französisch-Äquatorialafrika hervorgegangen ist und dessen Name seine Lage wiedergibt
7 Ostafrikanischer Staat, früher auch deutsche Kolonie
8 Südwestafrikanischer Staat, früher auch deutsche Kolonie

9 Nordostafrikanischer Staat, in dem Bürgerkrieg herrscht
10 Zentralafrikanischer Staat, aus Französisch-Äquatorialafrika hervorgegangen
11 Hauptstadt Äthiopiens
12 Name einer Wüste, nach der ein Staat benannt ist
13 Größte Insel der Seychellen
14 Fremdlingsfluss, der sein Wasser aus Zentral- und Ostafrika erhält

Zwölf schwarzafrikanische Staaten

Name: Klasse: Datum:

Bei der Lösung des Rätsels
hilft dir eine Atlaskarte zur
politischen Entwicklung Afrikas.

Waagerecht:

1 Südafrikanischer Staat (bis 1964 englische Kolonie), dessen Export zu fast 90 Prozent aus Kupfer besteht und in
dem seit 1991 erstmals eine frei gewählte Regierung an
der Macht ist

2 Westafrikanischer Staat an der Sklavenküste (bis 1960
französische Kolonie), dessen Präsident als erster
Machthaber Afrikas von seinem Volk 1991 abgewählt
worden ist

3 Südostafrikanischer Staat (bis 1964 englische Kolonie),
der 1993 mit einer Million Flüchtlingen aus dem östlichen
Nachbarstaat den höchsten Flüchtlingsanteil aller Staaten der Erde besaß

4 Südwestafrikanischer Staat (bis 1975 portugiesische
Kolonie), in dem nach 16 Jahren Bürgerkrieg 1992 erstmals freie Wahlen stattfanden

5 Zentralafrikanischer Staat (bis 1960 französische Kolonie) mit hohem Pro-Kopf-Einkommen durch Erdöl- und
Tropenholzexporte

6 Ostafrikanischer Staat (bis 1962 belgische Kolonie) mit
der höchsten Bevölkerungsdichte Afrikas, gebeutelt
durch grausame Bürgerkriege und Flüchtlingsströme

7 Ostafrikanischer Staat (bis 1963 britische Kolonie), ge-
plagt von Dürren und Flüchtlingen aus dem westlichen
Nachbarstaat, seit 1978 vom gleichen Präsidenten
regiert, viel von Touristen besucht

Senkrecht:

1 Südafrikanischer Staat (britische Kolonie, seit 1980
unabhängig), größter Tabakproduzent Afrikas, etwa
150 000 weiße Einwohner, die in Handel und Industrie
sowie der exportorientierten Landwirtschaft das Sagen
haben

8 Westafrikanischer Staat (bis 1957 britische Kolonie), dessen seit 1981 herrschender Präsident bei den ersten
freien Wahlen 1992 im Amt bestätigt wurde

9 Sahara-Staat (bis 1960 französische Kolonie), in dem seit
1992 ein demokratisch gewählter Präsident regiert

10 Westafrikanischer Staat (bis 1965 britische Kolonie),
kleinster Staat Afrikas, seit der Unabhängigkeit Mehr-
parteien-Demokratie

11 Südostafrikanischer Staat (früher britische Kolonie), seit
1973 eine traditionelle Monarchie, wirtschaftlich weit-
gehend von der Republik Südafrika abhängig

Orient und Islam

Name:　　　　　　　　　　　　Klasse:　　　　Datum:

1	2	3	4	5	6	7	8	9	10	11	12	13	14	15	16	17	18

Die Begriffe 1–18 sind jeweils von unten nach oben einzutragen. Die Buchstaben in den besonders gekennzeichneten Kästchen ergeben fünf Lösungswörter, die folgende Bedeutung haben:

Religion im Orient: 13 11 10 16 14

Gott der Muslime: 1 2 3 6 8

Gotteshaus der Muslime: 14 8 10 15 15 17 18

Heiliges Buch des Islam: 9 6 16 10 18

Hauptstadt des Iran: 9 4 5 10 7 12 11

Die Zahlen in den Kästchen geben an, in welcher Spalte die Buchstaben stehen.

1 Islamischer Fastenmonat
2 „Flüssiges Gold" (Ö = OE)
3 Fremdlingsfluss im afrikanischen Orient
4 Bekannter Exportartikel des Orients (Mehrzahl)
5 Strom im Orient
6 Wanderhirten
7 Islamischer Staat in Zentralasien
8 Religiöser Führer im Iran
9 Islamischer Staat, der an einen großen hinduistischen Nachbarstaat grenzt

10 Angehörige einer schiitischen Sekte
11 Staat im Maghreb, der bei Touristen sehr beliebt ist
12 Kernland des Islam
13 Wüstenstaat im Maghreb
14 Vorbeter einer islamischen Gemeinde
15 Islamisches Recht
16 Turm einer Moschee
17 Islamischer Staat in der GUS
18 Anhänger einer Glaubensrichtung des Islam (80 % aller Muslime)

Türkei – ein Kastenrätsel mit kulinarischen Zugaben

Name: Klasse: Datum:

Die Buchstaben in der stark umrandeten Säule nennen, von oben nach unten gelesen, eine typische türkische Speise: Hammelfleisch, das am rotierenden senkrechten Spieß gebraten wird (Ö = OE).

Die Buchstaben in den Kreisen nennen, von oben nach unten gelesen, eine türkische Speise, die aus Reis besteht, der in Weinblätter gewickelt ist.

Die Buchstaben in den stark umrandeten Kästchen nennen, von oben nach unten gelesen, ein Getränk, das bei großer Hitze den Durst schnell löscht: mit Wasser verdünnter Joghurt.

Die Buchstaben in den gestrichelten Kästchen ergeben, von links nach rechts und von oben nach unten gelesen, den Namen eines türkischen Anisschnapses, der gerne nach dem Essen getrunken wird.

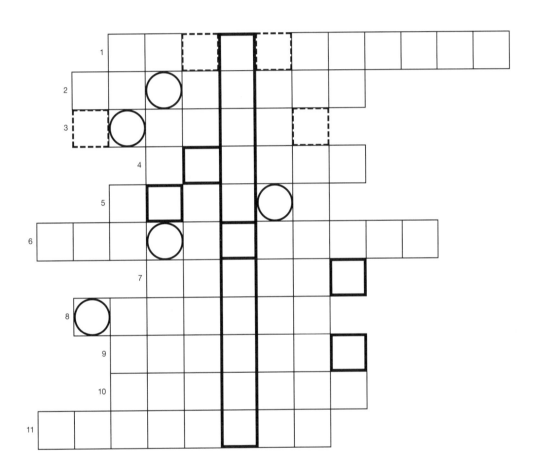

1 Zwei bis fünf Kilometer breite Meeresstraße zwischen Ägäischem Meer und Marmarameer

2 650 bis 3350 Meter breite Meeresstraße, die das Marmarameer mit dem Schwarzen Meer verbindet

3 Stadt in Zentralanatolien im Zentrum der Türkei, am Fuße des Mittleren Taurus (Maschinenbau, Nahrungs- und Genussmittelindustrie)

4 Türkisch: Van Gölü; abflussloser Salzsee in Ostanatolien im Ararathochland (siebenfache Größe des Bodensees)

5 Politisch geteilte Insel im Mittelmeer, deren Nordteil zur Türkei gehört

6 Meeresbecken zwischen dem europäischen und dem asiatischen Teil der Türkei

7 Hauptstadt der Türkei

8 Teil des Mittelmeeres, zwischen Balkanhalbinsel und Kleinasien gelegen (Ä = AE)

9 Türkische Hafenstadt am Schwarzen Meer, am Fuß des Pontischen Gebirges (Fischverarbeitung)

10 Internationales türkisches Seebad am gleichnamigen Golf, der türkischen Riviera, am Fuß des Westtaurus

11 Türkische Stadt beiderseits der Einmündung des Bosporus in das Marmarameer, frühere Namen Byzanz und Konstantinopel

Flüsse und Landschaften Vorderindiens –
ein Kastenrätsel

Name:	Klasse:	Datum:

... und am Schluss „springen" ein paar indische Bundesstaaten heraus.

Das Lösungswort zwischen den Pfeilen ist der indische Name eines Stromes, der in Tibet entspringt.

1 Südwestküste Indiens (Ü = UE)
2 Größte Insel Vorderindiens
3 Heiliger Strom in Nordindien, der in einem Delta mündet
4 Fluss, der in den Westghats entspringt und in den Golf von Bengalen mündet
5 Hochgebirge, das Vorderindien vom übrigen Asien trennt
6 Fluss, der das Hochland von Dekkan von Westen nach Osten durchfließt
7 Tibetischer Name eines Flusses, der in Bangladesch in den Golf von Bengalen mündet
8 Strom, der im Transhimalaya entspringt und durch Pakistan fließt

9 Gebirge im Westen des Hochlands von Dekkan
10 Wüste im Nordwesten Vorderindiens
11 Hochland im Zentrum Indiens

Indische Bundesstaaten:

◯ im Nordwesten Indiens (I = J) _____

▢ im Südwesten Indiens _____

◯ (gestrichelt) im Osten Indiens _____

▢ (gestrichelt) im Norden Indiens _____

▨ im Nordosten Indiens _____

Die indische Rätselschlange

Name:	Klasse:	Datum:

Zur Lösung des Rätsels musst du am Kopf der Schlange beginnen und dann im Uhrzeigersinn die gesuchten Wörter eintragen. Der letzte Buchstabe eines jeden gesuchten Wortes ist der erste Buchstabe des folgenden.
Wenn du die bezifferten Buchstaben in die Kästchen unten einträgst, nennen sie dir die Namen der indischen Kasten sowie die Namen zweier bedeutender indischer Staatsmänner.

Von innen nach außen:

P Fünfstromland im Nordwesten
B Staat in Vorderindien (in manchen Atlanten sch = sh)
H Religion, der die meisten Inder anhängen
S Elendsviertel
M Jahreszeitlich wechselnder Wind
N Staat in Vorderindien
L Millionenstadt im Norden Pakistans
E Höchster Berg der Erde, ohne „Mount"
T Indischer Bundesstaat im Südosten (I = Y)
U Großstadt im Bundesstaat Rajasthan (I = Y)
R Indischer Bundesstaat im Nordwesten (in manchen Atlanten th = t)
N Indischer Fluss, der in das Arabische Meer mündet
A Millionenstadt, 450 km nördlich von Bombay gelegen
D Hauptstadt Indiens, ohne „Neu"
I Hauptstadt Pakistans
D Hochland, das den größten Teil der vorderindischen Halbinsel einnimmt
N Millionenstadt an der Eisenbahnstrecke Bombay – Kalkutta
R Großstadt im Norden Pakistans, nahe der Hauptstadt
I Größter Staat Vorderindiens
N Indischer Bundesstaat im Nordosten
D Hauptstadt von Bangladesch
A Indischer Bundesstaat im Nordosten
M Inselgruppe im Indischen Ozean
N Zu Indien gehörende Inselgruppe im Golf von Bengalen
N „Schicksalsberg der Deutschen" im westlichen Himalaya (8126 m)
T Wüste im Nordwesten
R Industriestadt im Bundesstaat Orissa
A Zu Indien gehörende Inselgruppe im Golf von Bengalen

Zweimalgeborene } Kasten

Kastenlose

Der Chinafächer

Name: Klasse: Datum:

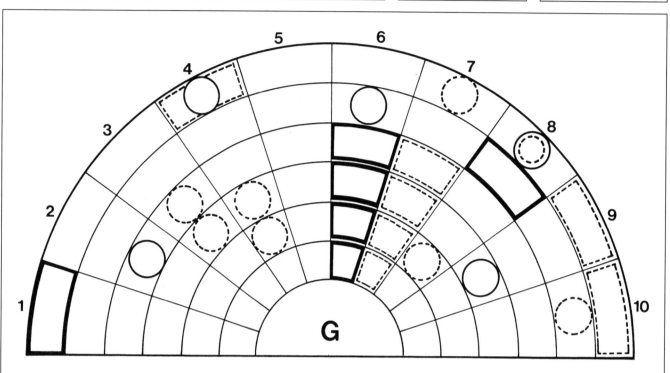

In den Fächer sind zehn Wörter von außen nach innen einzutragen. Sieben von ihnen bestehen aus sechs Buchstaben, drei aus sieben Buchstaben, von denen das G bereits eingetragen ist.
Die ersten Buchstaben der gesuchten zehn Wörter nennen, von links nach rechts gelesen, ein chinesisches Hochgebirge.
Die Buchstaben in den besonders gekennzeichneten Kästchen werden jeweils von links nach rechts und von oben nach unten zusammengesetzt.
Sie ergeben folgende Bedeutungen:

◯   Hauptstadt Tibets

▢   Hauptstadt der südchinesischen Provinz Guangdong

◌   Hafenstadt am Ostchinesischen Meer

⬚   Hauptstadt der Provinz Gansu

1 Hauptstadt der südchinesischen Provinz Yunnan

2 Grenzfluss zwischen China und Russland

3 Hafenstadt in der Provinz Zhejiang

4 Stadt in der Provinz Sichuan, südlich von Chengdu

5 Hauptstadt der Autonomen Region Xinjiang (der letzte Buchstabe entfällt)

6 Stadt in der Provinz Jiangsu, im Deltagebiet des Jangtsekiang

7 Stadt in der Provinz Jiangsu, am Kaiserkanal

8 Hauptstadt der Provinz Heilongjiang, Mandschurei

9 Stadt in der Provinz Henan, zwischen Zhengzhou und Shijiazhuang

10 Hauptstadt der Provinz Jiangsu

Chinesische Rätselschlange mit dem zentralen I

Name:	Klasse:	Datum:

In die Felder sind jeweils diagonal die Namen von chinesischen Städten und Landschaften einzutragen. Der zentrale Buchstabe ist jeweils das I.

1 Stadt in der südchinesischen autonomen Region Guangxi Zhuang am Li-Fluss, inmitten der höhlenreichen Türme der einzigartigen Kegelkarstlandschaft; deshalb eines der beliebtesten Touristenziele Chinas.

2 Stadt in der Mandschurei, südlich des Kleinen Chingan; dass die Stadt weit im Norden liegt, kommt auch im ersten Namensbestandteil zum Ausdruck.

3 Stadt in der Mandschurei mit Erdölraffinerie, da in der Nähe Erdöl gefördert wird; von dort gehen Pipelines nach Harbin und Peking.

4 Deutsche Bezeichnung der Hauptstadt des Nordens, Beijing.

5 Der erste Namensbestandteil eines Gebirges mit zwei Namen, das die nördliche Randkette des Nan Shan bildet, bis 5934 m hoch, zwischen Qaidambecken und Gobi gelegen; früher hieß das Gebirge Richthofengebirge.

6 Tropische Insel vor der Südküste Chinas, deren Namensbestandteile „Meer" und „Süden" bedeuten; früher von dichtem Regenwald bedeckt, der größtenteils Anbauflächen weichen musste.

7 Kleinstadt an der Bahnstrecke von Lanzhou nach Golmud, zwischen Xining und dem Qinghai Hu (leicht salzhaltiger See in 3205 m Höhe) gelegen.

8 Name eines wüstenhaften, über 2600 m hoch gelegenen Hochgebirgsbeckens, der mongolisch „Salzsumpf" bedeutet; abflussloses Becken in der Provinz Qinghai mit dem Hauptort Golmud.

Rätselhaftes Japan

Name:	Klasse:	Datum:

① **Ein Kreuz-Kasten-Rätsel**

Senkrecht:

1 Nördlichste der vier großen Inseln Japans
2 Industriestadt an der Bucht von Tokio

Waagerecht:

1 Hauptstadt Japans (I = Y)
2 Alte Kaiserstadt Japans auf Honshu

3 Kleinste der vier großen Inseln Japans
4 Hafen- und Industriestadt auf Hokkaido
5 Stadt auf Shikoku, an der japanischen Inlandsee gelegen
6 Russische Hafenstadt bei Wladiwostok, geografische Breite von Sapporo
7 Früherer Name von Taiwan
8 Größte Stadt auf Hokkaido

② **Ein Silbenrätsel**

– So nennen die Japaner ihr Land selbst
– Die größte der japanischen Inseln
– Ozean im Osten Japans
– Grundlage der Seidenraupenzucht
– Kalte Meeresströmung im Norden Japans
– Warme Meeresströmung im Süden Japans
– Naturkatastrophe, bei der die Erdkruste zittert
– Durch Erdbeben hervorgerufene Flutwelle
– Orkanartiger tropischer Wirbelsturm
– Hightechproduktionsstandort
– Umweltschädigung (japanisch)

BE – BEER – BEN – ERD – FIK – FUN – GAI – HON – KO – KU – LIS – MAUL – MI – NA – NIP – NO – OYA – PA – PO – PON – RO – SHIO – SHIO – SHU – STRAUCH – TAI – TECH – TSU – ZI

Japans rätselhafte Städte

Name:	Klasse:	Datum:

130° 140°

40°

30°

Wie heißt die Stadt?

Als Hilfe ist die Lage der beschriebenen Städte in der Kartenskizze festgehalten.

| 4 | | | | | | | | |

Die Hafenstadt an der japanischen Inlandsee wurde beim Abwurf einer Atombombe am 6. 8. 1945 zu 80 Prozent zerstört. Heute ist die Stadt ein bedeutender Industriestandort für Schiff-, Auto- und Maschinenbau.

| 6 | | | |

Die drittgrößte Stadt Japans am Ostende der Inlandsee wird wegen der zahlreichen Wasserläufe und Kanäle „Venedig des Ostens" genannt. Das Hafengelände wurde durch Aufschüttungen erweitert.

| 5 | | | | | |

Austragungsort der Olympischen Winterspiele 1972. Beim jährlichen Schneefest werden Skulpturen aus Eis und Schnee gestaltet. Hauptstadt und wirtschaftlicher Mittelpunkt einer Insel.

| 3 | | | | | | | |

Die zweitgrößte Stadt Japans an der Pazifikseite ist eine bedeutende Hafenstadt. Eine Hängebrücke mit 460 Meter Spannweite schwingt über das Hafengebiet. Im Hakusan-Hightechpark besteht seit 1987 ein deutsches Industriezentrum.

| | | | | | 2 | | | |

Zwei untermeerische Eisenbahntunnel, ein Straßentunnel und eine Straßenbrücke verbinden die Hafen- und Industriestadt auf der Insel Kyushu mit Shimonoseki auf Honshu.

| 1 | | | | | | |

Aus dieser Hafenstadt auf Kyushu, an der Hakatabucht gelegen, kommen die bekannten „Hakata-Porzellanpuppen". Die historische Burgstadt besitzt den ältesten Tempel Japans.

| 7 | | | | | |

Das Zentrum der japanischen Porzellan- und Keramikwarenherstellung, die bis ins 13. Jahrhundert zurückreicht, ist zugleich ein Zentrum der japanischen Schwerindustrie und bedeutender Hafen an der Isebucht auf Honshu.

Die mit Ziffern gekennzeichneten Buchstaben nennen den mit 3776 m höchsten Berg Japans (Y = J).

1	2	3	4	5	6	7

Australien – Land down under (1)

Name: Klasse: Datum:

Finde unter den Lösungsvorschlägen den richtigen heraus. Die vorangestellten Buchstaben trägst du dann in die vorgesehenen Kästchen ein. Achte darauf, dass du sie jeweils an die richtige Stelle schreibst.

Der Lösungssatz nennt dir einen typischen „Australier" und sein einziges Leibgericht.

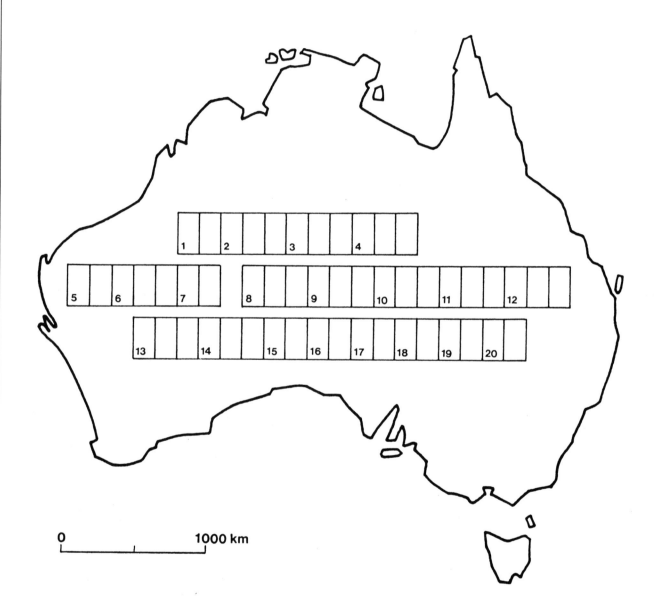

0   1000 km

Australien – Land down under (2)

Name:	Klasse:	Datum:

Australiens Hauptstadt und der Regierungsdistrikt (A.C.T.) liegen im Bundesstaat

KA Queensland
KO New South Wales
EM Victoria

1

Der nördlichste Punkt Australiens heißt

ICH Kap York
DUI Kap Hoorn
MIT Kap Wilson

12

Die Nullarborebene heißt so, weil es dort

KI keine Kaninchen gibt
BL keine Bäume gibt
TR „null Arbeit" gibt

17

Rockhampton liegt

AS nördlich des südlichen Wendekreises
OM 30° östlich der Datumsgrenze
ER auf 23,5° südlicher Breite

20

Welche der folgenden Aussagen ist falsch?

GR In Australien steht die Sonne mittags um 12 Uhr im Norden.
BO Die Australier feiern Weihnachten im Sommer.
FR In Australien geht die Sonne im Westen auf.

5

Der Name der australischen Ureinwohner lautet

IE Athabasken
AU Ainu
AE Aborigines

18

Im Herzen des australischen Kontinents liegt die Kleinstadt

EUK Alice Springs
AIM Mount Isa
VUS Laverton

13

Welche der fünf Großstädte gehört nicht in diese Reihe?

OLA Brisbane
BRE Melbourne
POL Sydney
ALA Perth
XXL Adelaide

2

In Australien liegen die Steinkohlenlagerstätten ausschließlich

BNM in New South Wales
SCH im australischen Bergland
KLR in Queensland

9

Die landwirtschaftliche Nutzung konzentriert sich hauptsächlich auf

ESS Ost- und Südwestaustralien
OBS West- und Südaustralien
SAT Nordaustralien

6

Einer der wenigen Flüsse Australiens heißt

BRE Sweatheart
SAP Honey
LIE Darling

10

Das Mittelgebirge in der Mitte Australiens heißt

ULI MC Donalds Kette
ALY Macdonnellkette
ALU MC Donnel Kette

14

Als die ersten Europäer Australien erreichten, fanden sie

PT eine Steinzeitkultur
DR einen völlig menschenleeren Kontinent
KR ein blühendes Land

15

Das bedeutendste Bergbaugebiet für Blei, Zink, Kupfer, Silber ist

KOK Broken Hill
ZEF Kambalda
SSL Mount Isa

11

Welches Tier gehörte ursprünglich nicht zu der einzigartigen Fauna Australiens?

ZU Tasmanischer Teufel
PU Wombat
EN Kamel
RE Ameisenigel
BA Känguru

7

Zuckerrohr wird ausschließlich

KEN in Tasmanien angebaut, weil es am südlichsten liegt
DRE im Landesinneren angebaut, weil es dort trocken ist
REN im Osten von Queensland angebaut, weil dort tropisches Klima herrscht

4

Die Gibsonwüste liegt

BB im Nordterritorium
MM in Südaustralien
TT in Westaustralien

19

Welche der folgenden Aussagen ist richtig?

ES Der Osten Australiens erhält weniger Niederschläge als der Westen.
US Das Zentrum Australiens ist ständig regenarm.
AS Der Norden und der Süden Australiens leiden unter geringen Jahresniederschlägen.

16

Das Große Barriereriff liegt

BAE vor der Küste Queenslands
HED vor der Westküste Australiens
GRA am östlichen Rand der Korallensee

3

Unter „Outback" versteht man

EIS einen Hinterhof
AUS das menschenleere Innere des australischen Kontinents
ZUT einen Abwehrspieler beim Football

8

Lösung siehe Seite 71

Die Inselwelt des Pazifischen Ozeans (1)

Name:	Klasse:	Datum:

Die Buchstaben in den Kreisen nennen, von oben nach unten gelesen, „Schwarzinselland", eine Inselreihe im Nordosten Australiens.

Waagerecht:

1 „Kleininselgebiet" östlich der Philippinen.

5 Berg der Neuseeländischen Alpen, benannt nach dem Entdecker Tasmaniens (1642) und der Südinsel Neuseelands (1643).

9 Die größte der Gesellschaftsinseln Polynesiens; zwei zusammengewachsene Vulkaninseln, von Korallenriffen umgeben. Bekannt durch die Bilder P. Gauguins.

10 Vorsicht! Diese Stadt liegt in Sibirien im Gebiet Irkutsk.

11 Hauptstadt und größter Hafen von Westsamoa.

12 Eine der Hawaii-Inseln.

14 „Vielinselgebiet" im östlichen Pazifik, teils Korallen-, teils Vulkaninseln.

15 Inselstaat im südwestlichen Pazifik, besteht aus zwölf großen und 60 kleinen Inseln der Neuen Hebriden.

18 Wie 13 senkrecht.

19 Eine der Cook-Inseln Polynesiens.

20 Staat im südlichen Pazifik, Freundschaftsinseln. 1876 „immer während Freundschaftsvertrag" mit Deutschland, 1976 erneuert.

21 Staat im südwestlichen Pazifik, in der Sprache der Maori „Aotearoa" = Land der langen, weißen Wolke; besteht aus zwei Hauptinseln und einer Reihe kleiner Inseln. Hauptstadt: Wellington.

Senkrecht:

1 Inselgruppe Mikronesiens (ohne „Inseln"), 33 Koralleninseln (Atolle) und 320 kleine Inseln. 1885–1919 deutsche Kolonie.

2 Mehrere hundert flache Koralleninseln, 1521 von Magellan entdeckt, Teil Mikronesiens. 1889–1919 deutsches Schutzgebiet.

3 Koralleninsel mit mächtigen Phosphatablagerungen (Guano), Teil Mikronesiens. 1888–1919 deutsches Schutzgebiet, seit 1968 selbstständiger Staat.

4 Westteil der Insel Neuguinea, seit 1963 Provinz Indonesiens.

6 Inselgruppe Melanesiens, nordöstlich von Australien. Die spanischen Seefahrer, die 1567 die Inseln erreichten, hielten sie für das Land Ophir König Salomos. 1885–1919 deutsche Kolonie, seit 1978 selbstständig.

7 Zu Kiribati gehörende Korallenatolle beiderseits des Äquators (ohne „Inseln").

8 Nördlichstes Atoll in der Ralikgruppe der Marshallinseln. 1946–1958 Atombombenversuche der USA, seitdem radioaktiv verseucht.

9 Staat im südwestlichen Pazifik, Ellice-Inseln, etwa 4000 km nordöstlich von Australien; ärmstes Land der Pazifischen Inseln.

13 „Gegenfüßler", Name einer unbewohnten neuseeländischen Insel.

14 Republic of …, westlichste Inselgruppe der Karolinen. 1899–1919 deutsche Kolonie, seit 1981 innere Autonomie im Rahmen der US-Treuhandverwaltung.

15 Hauptstadt von Vanuatu, eines Inselstaates im südwestlichen Pazifik.

16 Japanische Inselgruppe im Nordpazifik, am gleichnamigen Tiefseegraben gelegen (ohne „Inseln").

17 Hafenstadt auf Papua-Neuguinea.

Lösung siehe Seite 71

Globus 3 © 1997 R. Oldenbourg Verlag

Die Inselwelt des Pazifischen Ozeans (2)

Name: | Klasse: | Datum:

Lösungswort:

Kontinente und Ozeane (1)

Name: Klasse: Datum:

Anleitung:

1. Finde heraus, welche Kontinente und Ozeane abgebildet sind. Trage die Namen der Kontinente in die vorgesehenen Zeilen ein.

2. Kreuze an, auf welche Kontinente und/oder Ozeane die Aussagen zutreffen. Manchmal ist nur ein Kreuz pro Spalte erforderlich, manchmal sind es mehrere.

3. Wenn du alles richtig angekreuzt hast, dann kannst du eine Zahl erkennen.

Sie gibt an, wie viele Mitgliedsstaaten die „Organisation der Vereinten Nationen", auch „United Nations Organisation = UNO" genannt, hat. (Die Zahlenangabe bezieht sich auf das Jahr 1995.)

Die UNO wurde 1945 gegründet. Sie hat die Aufgabe den Weltfrieden zu sichern, friedliche Zusammenarbeit zwischen den Völkern zu erreichen und die internationale Zusammenarbeit zu fördern.

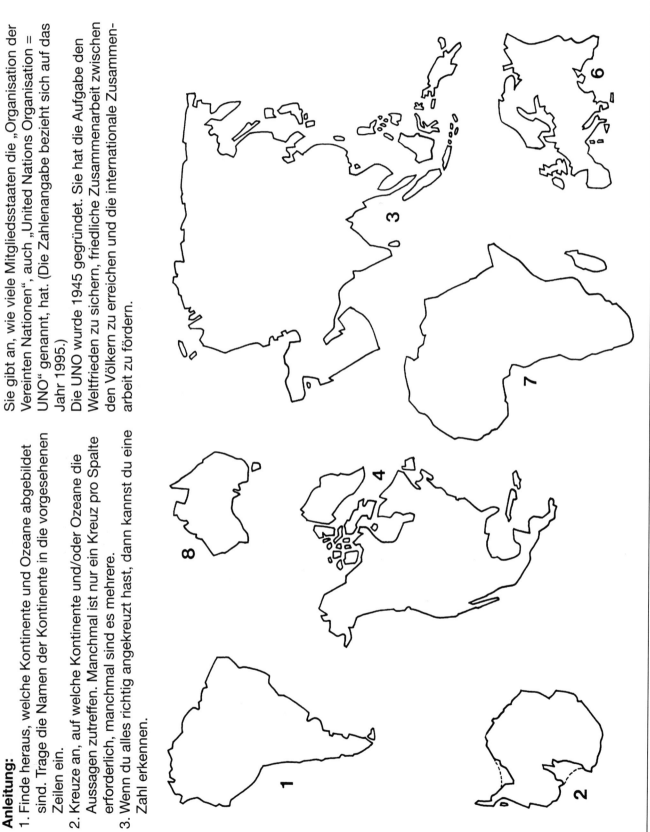

Kontinente und Ozeane (2)

Name:		Klasse:	Datum:

	In diesem Kontinent liegen die Rocky Mountains.	Der größte Kontinent der Erde.	Die Heimat der Pinguine.	Diese Kontinente und Ozeane schneidet der Äquator.	Die Heimat der Kängurus.	Auf den Kontinenten befinden sich die Erhebungen mit den Koordinaten 28° N / 87° O und 4° S / 37° O; zwischen ihnen erstreckt sich dieser Ozean.	Außer Asien, Atlantik und Indischem Ozean (die drei nicht ankreuzen) schneiden der nördliche und südliche Polarkreis noch diese Kontinente (3) und einen Ozean.	Um auf dem westlichen Seeweg Asien zu erreichen mussten die frühen Seefahrer diese Ozeane durchqueren und diesen Kontinent umsegeln.	Diese Kontinente und dieser Ozean liegen auf dem 100. Längengrad der Westhalbkugel; durch diesen Kontinent der Nordhalbkugel verläuft der Nullmeridian.	„Wir lagen vor Madagaskar . . .“ – In welchem Ozean? Vor welchem Kontinent? Eigentlich auf dem Weg zu diesem Kontinent um die Gewürze zu holen.	Hier befindet sich die Victoriawüste.	Diese Ozeane erstrecken sich vom Nord- zum Südpol. Den Westrand dieser Kontinente bildet das Uralgebirge bzw. die Anden.	Zwischen diesen Ozeanen liegt die Neue Welt.	Der kleinste Ozean. Die Südspitze dieses Kontinents ist das von Seefahrern gefürchtete Kap Hoorn; der nördlichste Punkt dieses Kontinents ist das Nordkap.	Der südliche Wendekreis schneidet diese drei Kontinente.	Dieser Kontinent kommt der Antarktis am nächsten.
1																
2																
3																
4																
5 Atlantik																
6																
7																
8																
9 Indischer Ozean																
10 Pazifik																

Bilderrätsel zu Wind und Wetter

Name:	Klasse:	Datum:

Benenne die Bilder und Zeichen. Die bezifferten Buchstaben nennen in der angegebenen Reihenfolge eine typische Wettererscheinung.

7 _ _ _ _ 12 _ _ _ _ _ 5 _ _ _

9 3 _ _ _ _ _ _ _ _ _ _ _

2 _ _

11 _ _ _ _ _ _ _

10 6 _ _ _ _

8 _ _ _ _

1 4 _ _

T

H

Lösungswort:

1	2	3	4	5	6	7	8	9	10	11	12

Vulkane – Geistesblitze gefragt

Name:	Klasse:	Datum:

① Lauter Vulkane
Die Buchstaben im eingerahmten Kästchen nennen dir den Namen eines Vulkans, der sich 1883 in einer gewaltigen Explosion selbst in die Luft gesprengt hat.

- K — Höchster Berg Afrikas, erloschener Vulkan
- K — Ehemals höchster Vulkan Deutschlands (Oberrheingraben)
- P — Vulkan in der Nähe von Puebla (Mexiko)
- H — Vulkan auf Island (64° N)
- P — Vulkan auf den Philippinen
- Ä — Vulkan auf Sizilien
- F — Heiliger Berg Japans
- V — Bekanntester Vulkan Italiens

② Lauter Vulkaninseln
Die Buchstaben im eingerahmten Kästchen ergeben die größte europäische Vulkaninsel.

Kreuzworträtsel mit Buchstaben S (3), M (6), H (1, 2, 5), L, S, H.

- 1 = Eine der Äolischen Inseln im Mittelmeer
- 2 = Große Insel Mittelamerikas
- 3 = Vulkaninsel des Mittelmeeres
- 4 = Insel der Kykladen (Ägäisches Meer)
- 5 = Größte japanische Insel
- 6 = Insel der Philippinen

③ Ein „vulkanisches" Zahlenrätsel

- Im Magma enthalten, fehlt in der Lava
- Äußere Form der meisten Vulkane
- Verbindung zwischen Magmaherd und Krater (Mehrzahl)
- Ausflussmassen aus dem Vulkankrater
- Krater am Hang des Vulkans
- Vulkan, der aus Asche- und Lavaschichten aufgebaut ist

Lege dir einen „Zahlenschlüssel" an, dann kannst du leicht von Bekanntem auf Unbekanntes schließen (z. B. 3 = A).

Die Buchstaben in den fünf Ringen nennen ein Auswurfprodukt des Vulkans.

Ringe: 3, 10, 7, 11, 9

Zahlenpyramide:

1	3	10							
6	9	1	9	2					
10	7	11	. 2	12	13	9			
2	3	14	3	10	13	16	12	17	
15	9	8	9	15	6	16	3	13	9	16
10	7	11	4	7	11	13	14	5	2	6	3	15

Lösung siehe Seite 72

Die Planeten des Sonnensystems –
ein Zahlenrätsel

Name:	Klasse:	Datum:

Die Planeten des Sonnensystems sind maßstabsgetreu wiedergegeben. Bei jedem Planeten sind sein Durchmesser und seine Entfernung von der Sonne angegeben. Benenne die einzelnen Planeten.

Jede Ziffer bedeutet einen Buchstaben:

1	2	3	4	5	6	7	8	9	10	11	12	13	14	15	16

		Durchmesser in km	Entfernung von der Sonne in Mill. km

| 14 | 1 | 10 | 5 | 13 | 10 |

4878   58

| 16 | 1 | 2 | 13 | 15 |

12 104   108

| 1 | 10 | 12 | 1 |

12 756   150

| 14 | 3 | 10 | 15 |

6 794   228

| 8 | 13 | 4 | 6 | 7 | 1 | 10 |

142 796   779

| 15 | 3 | 7 | 13 | 10 | 2 |

120 000   1 432

| 13 | 10 | 3 | 2 | 13 | 15 |

56 400   2 884

| 2 | 1 | 4 | 7 | 13 | 2 |

48 600   4 509

| 4 | 9 | 13 | 7 | 11 |

2 284   5 966

So hieß das Mond-Raum-fahrtprogramm der USA:

3	4	11	9	9	11

So hieß der erste Mensch auf dem Mond:

3	10	14	15	7	10	11	2	G
								G

Lösung zu Seite 5

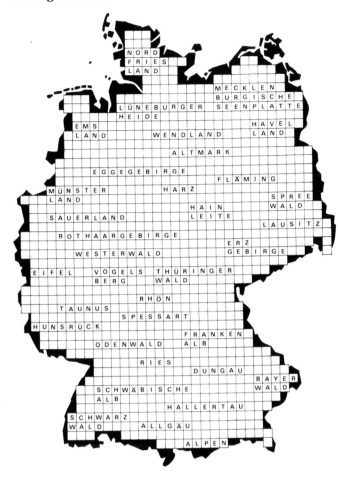

Lösung zu Seite 6/7

Senkrecht:
1 SINGEN
2 WESEL
3 KOCHER
4 DONAU
5 BORKUM
6 OBERRHEIN
7 SUHL
8 HANAU
10 SORBEN
11 ERZGEBIRGE
12 WEBAU
15 MUERITZ
16 HAINLEITE
17 AACHEN
19 NIDDA
22 AMMER
28 LUSEN
29 BARTH
30 OIE
32 ASSLING
33 MEPPEN
35 ESENS
39 ELBE
42 AMBERG
44 FELDA
45 ELM
49 ERFT

Waagerecht:
1 SWINE
4 DIEBURG
9 OSNABRUECK

12 WANGEROOGE
13 AHR
14 HUSUM
16 HARZ
18 ZENN
20 BURG
21 BAUNA
23 BAAR
24 WAGRIEN
25 AU
26 HAMM
27 EICHSFELD
29 BERLIN
31 MANNHEIM
34 WIESE
36 LEINE
37 ISAR
38 SENNE
40 PREETZ
41 MARL
43 EIFEL
46 MAIN
47 ELBE
48 ABENS
50 ELMEN
51 BERGEN
52 URFT

Lösung zu Seite 8/9

1 MUENCHEN
2 BAYERN
3 BERLIN
4 RHEIN
5 ZUGSPITZE
6 NORDRHEIN-WESTFALEN
7 OBERRHEINGRABEN
8 BREMEN
9 SOLINGEN
10 HAMBURG
11 WALCHENSEE
12 BODENSEE
13 THUERINGEN
14 RUEGEN
15 SAARLAND
16 HAMBURG
17 RUHRGEBIET
18 RIES
19 BERCHTESGADEN
20 WEIMAR
21 ALTMUEHLTAL
22 HELGOLAND
23 GUETERSLOH
24 BADEN-WUERTTEMBERG
25 FRANKFURT

Die drei Landeshauptstädte am Rhein lauten:
MAINZ – WIESBADEN – DUESSELDORF

Lösung zu Seite 10/11

Waagerecht:
1 E
2 R
3 DRESDEN
5 HS
7 OD
9 A
10 SOS
11 HALLE
13 BREMEN

16 FRANKFURT
20 UNO
21 IMKER
23 SAMSTAG
25 BONN
27 STUTTGART
28 MUENCHEN
31 BERLIN
34 UND
35 OC
36 NM
38 CHEMNITZ
42 HOF
43 OSTEN
45 WUPPERTAL
50 MANNHEIM
51 CELLE
52 HI
53 N

Senkrecht:
1 ESSEN
2 REST
3 DORTMUND
4 DO
5 HEUSS
6 S
8 DEISTER
11 HAMBURG
12 AN
13 BRATEN
14 MUTTER
15 NOGAT
16 F
17 RIEM
18 KE
19 FR
22 KOELN
24 AG
26 NN
29 C
30 HUNTE
31 BOCHUM
32 ECHO
33 INN
37 MITTEL
39 EF
40 MOENCH
41 Z
44 S
46 PA
47 PN
48 RHEIN
49 LM

Lösung zu Seite 12

Kastenrätsel:
1 FLENSBURG
2 STUTTGART
3 POTSDAM
4 HAMBURG
5 GÖRLITZ
6 DÜSSELDORF
7 ERFURT
8 PASSAU
9 FRANKFURT
10 BERLIN
11 KOBLENZ
Lösung: GUT GERATEN

Wahrzeichen:
KÖLN – DOM
LÜBECK – HOLSTENTOR
DRESDEN – ZWINGER
BREMEN – STADTMUSIKANTEN
ULM – MÜNSTER
NÜRNBERG – KAISERBURG
MÜNCHEN – FRAUENKIRCHE
BERLIN – BRANDENBURGER TOR
Lösungswort: DORTMUND

Lösung zu Seite 13

jeweils von links nach rechts:
1. Reihe: Bucht – Rügen – Halbinsel
2. Reihe: Flachküste – Ausgleichsküste – Wattenküste
3. Reihe: Sylt – Boddenküste – Trichtermündung
4. Reihe: Deich – Steilküste – Fördenküste

Lösungswort: KÜSTENFORMEN

Lösung zu Seite 14

Freihafen
Container
Überseehafen
Verkehrswege
Export
Güterumschlag
Lagerfläche
Speicherstadt
Import
Unterelbe
Hafenrundfahrt
Hafenindustrie

Lösung zu Seite 15

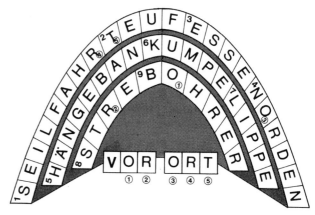

Lösung: VOR ORT

Lösung zu Seite 16/17

	Toni	Nicole	Tim
1	DUESSELDORF	BIELEFELD	DUISBURG
2	KOELN	BOCHUM	ESSEN
3	AACHEN	BOTTROP	GELSENKIRCHEN
4	HOEXTER	MUELHEIM	BOCHUM
5	BOCHUM	DUISBURG	DORTMUND
6	WUPPERTAL	GREVENBROICH	LANGENBERG
	Besondere Interessen:		
	KULTUR	WIRTSCHAFT	SPORT

Lösung zu Seite 18

A Geschichte:
HANSE
WITTENBERG
POTSDAM
WEIMAR
DRESDEN

B Topografie:
COTTBUS
FICHTELBERG
WERRA
MAGDEBURG
RUEGEN

C Naturraum:
ODERBRUCH
DROEMLING
ELBSANDSTEINGEBIRGE
BODDEN
HAINLEITE

D Wirtschaft:
ROSTOCK
ZWICKAU
NIEDERLAUSITZ
JENA
CHEMIE

E Vermischtes:
KYFFHAEUSER
BRAUNKOHLE
STRALSUND
BOERDE
BAUTZEN

Ausflugsziele:
USEDOM (Mecklenburg-Vorpommern)
BROCKEN (Sachsen-Anhalt)
SPREEWALD (Brandenburg)
WARTBURG (Thüringen)
ZWINGER (Sachsen)

Lösung zu Seite 19

①
Spree – Grunewald – Funkturm – Reichstag – Siegessäule – Bär –
Berliner Dom – Alexanderplatz – Spandau – Fernsehturm – Kreuzberg – Museumsinsel
②
1 Bär
2 Alexanderplatz
3 Spree
4 Grunewald
5 Museumsinsel
6 Spandau
7 Kreuzberg
8 Fernsehturm
9 Siegessäule
10 Funkturm
11 Berliner Dom
12 Reichstag
Lösung: Berlin brummt

Lösung zu Seite 20

1 Maximilianeum
2 Isartor
3 Schloss Nymphenburg
4 Altes Rathaus
5 Bavaria
6 Olympiapark
7 Propyläen
8 Deutsches Museum
9 Frauenkirche
10 Sendlinger Tor
11 Hofbräuhaus
12 Peterskirche
13 Alter Hof

Bezeichnung für München: MILLIONENDORF

Lösung zu Seite 21

Staaten von links nach rechts:
1 MALTA
2 ZYPERN
3 UNGARN
4 VATIKAN
5 BELGIEN
6 SPANIEN
7 SCHWEIZ
8 BOSNIEN
9 PORTUGAL
10 SCHWEDEN
11 NORWEGEN
12 ALBANIEN
13 KROATIEN
14 LUXEMBURG
15 SAN MARINO
16 SLOWENIEN
17 MAKEDONIEN
18 TSCHECHIEN
19 JUGOSLAWIEN
20 NIEDERLANDE
21 LIECHTENSTEIN

22 GROSSBRITANNIEN
23 WEISSRUSSLAND
24 GRIECHENLAND
25 DEUTSCHLAND
26 OESTERREICH
27 FRANKREICH
28 MOLDAWIEN
29 BULGARIEN
30 RUMAENIEN
31 SLOWAKEI
32 RUSSLAND
33 FINNLAND
34 LETTLAND
35 ESTLAND
36 LITAUEN
37 ITALIEN
38 ANDORRA
39 UKRAINE
40 IRLAND
41 ISLAND
42 POLEN

Lösungswörter in den Lampions:
EUROPÄISCHE UNION
EUROPARAT

Lösung zu Seite 22

SLOWAKEI
IRLAND
DEUTSCHLAND
DAENEMARK
KAUKASUS
SCHWEIZ
ZYPERN
NORDSEE
ENGLAND
DONAU
UNGARN
NORWEGEN
NORDKAP
PORTUGAL
LOIRE
ELBE
ELBA
ALPEN
NIEDERLANDE
EUROPA
ADRIA
ATLANTIK

◯   APENNINEN

▢   URAL

◇   KARPATEN

⬡   PINDOS

Lösung zu Seite 23

NIZZA
GRENOBLE
ZUERICH
UDINE
MARSEILLE
GENF
GRAZ
LAIBACH
LINDAU
INNSBRUCK

MAILAND
MUENCHEN
BERN
BOZEN
KAPRUN
MANOSQUE
TURIN
BASEL
TRIEST
GENUA
VERONA
WIEN
MONTREUX
LYON
SALZBURG

Lösung zu Seite 24

 1 GROSSVENEDIGER
 2 MAYRHOFEN
 3 ZILLERTALER ALPEN
 4 OETZTALER ALPEN
 5 TAUERN
 6 WIENERWALD
 7 KLAGENFURT
 8 GURKTALER ALPEN
 9 KUFSTEIN
10 BADGASTEIN

Lösungswörter:
▢ BURGENLAND
▣ GRAZ
▢ ATTERSEE
◯ KAERNTEN
◯ LINZ

Lösung zu Seite 25

SCHWEIZER EIDGENOSSENSCHAFT

I Bodensee, II Zürichsee, III Neuenburger See, IV Vierwaldstätter See, V Genfer See, VI Lago Maggiore, VII Luganer See, VIII Rhein, IX Rhone, A Glarner Alpen, B Rätische Alpen, C Tessiner Alpen, D Berner Alpen, a Jungfrau, b Finsteraarhorn, E Walliser Alpen, c Matterhorn, d Monte Rosa, F Schweizer Jura, 1 Bern, 2 Zürich, 3 Lausanne, 4 Genf, 5 Basel, 6 Sankt Gallen

Lösung zu Seite 26

1 EISACK
2 ETSCH
3 BRUNECK
4 MERAN
5 BOZEN
6 DOLOMITEN
7 BRENNER
8 ADIGE

Lösungswort: STERZING

Lösung zu Seite 27

1 CAMEMBERT
2 CHAMPAGNE
3 BORDEAUX
4 CREPES

5 PROVENCE
6 BRIE
7 BEAUJOLAIS
8 CHABLIS
9 COGNAC
10 DIJON
11 CROISSANT
12 ROQUEFORT

Lösungswort: MARSEILLAISE

Städte:
PARIS
MARSEILLE
ORLEANS

Flüsse:
RHONE
LOIRE
SEINE

Landschaften:
LOTHRINGEN
BRETAGNE
NORMANDIE

Lösung zu Seite 28

NOTRE DAME
EIFFELTURM
SACRE CŒUR
LOUVRE
TRIUMPHBOGEN
INVALIDENDOM
ELYSEEPALAST

Lösung: PARIS – STADT DER MODE

Lösung zu Seite 29

1 PENNINEN
2 ENGLAND
3 DERBY
4 PLYMOUTH
5 MANCHESTER
6 SCHOTTLAND
7 NORDIRLAND
8 CAMBRIDGE
9 WALES
10 BELFAST
11 LIVERPOOL
12 INVERNESS
13 BEN NEVIS
14 LONDON
15 BLACKPOOL
16 ULSTER
17 THEMSE
18 GRAMPIAN MOUNTAINS
19 ETON
20 CAMBRIAN MOUNTAINS

Lösungen:
INDUSTRIAL REVOLUTION
UNITED KINGDOM

Lösung zu Seite 30

1 PICCADILLY CIRCUS
2 THEMSE
3 BEEFEATER
4 UNDERGROUND
5 GREENWICH
6 BUCKINGHAM PALACE
7 WESTMINSTER ABBEY
8 KENSINGTON
9 TOWER
10 HOUSES OF PARLIAMENT
11 FLEET STREET
12 WHITEHALL
13 WIMBLEDON
14 TRAFALGAR SQUARE
15 BRITISH MUSEUM
16 VICTORIA STATION
17 TOWER BRIDGE
18 HARRODS
19 SCOTLAND YARD

Lösung: CHANGING OF THE GUARDS
Lösungswort in den Kreisen: DOWNING STREET

Lösung zu Seite 31

HYDE PARK
BUCKINGHAM PALACE
WESTMINSTER ABBEY
THEMSE
HOUSES OF PARLIAMENT
TRAFALGAR SQUARE
ST. PAUL'S CATHEDRAL
TOWER
TOWER BRIDGE
LONDON DOCKS
DOCKLANDS

Lösungswörter: THE CITY OF LONDON

Lösung zu Seite 32

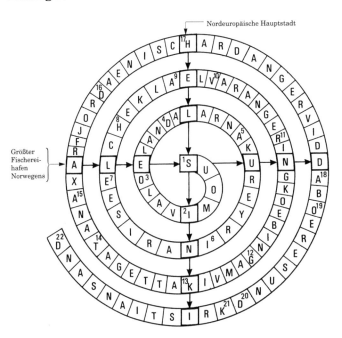

67

Lösung zu Seite 33

KOLUMBUS
ADRIA
ATHOS
COSTA BRAVA
POMPEJI
KOLOSSEUM
MONTE CARLO
GONDEL
ESPANA
AKROPOLIS

Lösungswort: MITTELMEER

Lösung zu Seite 34/35

Senkrecht einzutragende Begriffe:
 1 MADRID
 2 LISSABON
 3 TEJO
 4 PORTUGAL
 5 SPANIEN
 6 MESETA
 7 BARCELONA
 8 ELCHE
 9 EBRO
10 ADRIA
11 NEAPEL
12 VESUV
13 TARENT
14 ITALIEN
15 TIBER
16 GENUA
17 POEBENE
18 TOSKANA
19 THEBEN
20 AEGAEIS
21 OLYMP
22 CHALKIDIKE
23 PIRAEUS
24 KORINTH
25 SCHAFE
26 MACCHIE
27 OLIVE
28 ERDBEBEN
29 WEIZEN
30 STRAND
31 TOURISMUS
32 WEIN
33 VULKANE

Waagerecht sich ergebende Lösungswörter:
IBERISCHE
APENNINEN
BALKAN
HALBINSEL

Lösungswörter der zusätzlichen Ziffern (von links nach rechts):
BUENOS DIAS
BUON GIORNO
KALIMERA

Lösung zu Seite 36

① SIEBENBUERGEN
② SPLIT
③ KARST
④ SLOWENIEN
⑤ KARPATEN
⑥ TIRANA
⑦ SARAJEWO
⑧ SAVE
⑨ DALMATIEN
⑩ BOTEV
⑪ SCHWARZES MEER

Lösung: EISERNES TOR = DURCHBRUCHSTAL DER DONAU

Lösung zu Seite 37

Prag
HRA – die „Goldene Stadt"
SC – am Zusammenfluss von Moldau und Beraun
I – im Mittelpunkt des Böhmischen Beckens
N – Karlsuniversität
Lösungswort: HRADSCHIN

Budapest
ARL – zwischen zwei lang gestreckten Donauinseln
ME – 1872 aus zwei verschiedenen Städten entstanden
T – Hauptstadt von H (Autokennzeichen)
Lösungswort: PARLAMENT

Danzig
H – Stadt der „Solidarität"
NS – von 1920-1939 „Freie Stadt"
STA – an der Weichselmündung
T – Flussmündungshafen
Lösungswort: HANSESTADT

Pilsen
P – am Zusammenfluss von vier Flüssen
I – zweitgrößte Stadt Böhmens
LS – Standort der Skodawerke
Lösungswort: PILS

Pressburg
ABC – an einem Donaustausee
KO – zu Füßen der Kleinen Karpaten
O – erst seit 1993 Hauptstadt
Lösungswort: GABCIKOVO

Breslau
WRA – 1945 vom Deutschen Reich abgetrennt
IS – am Oberlauf der Oder
A – Hauptstadt Schlesiens
Lösungswort: WRATISLAW

Warschau
W – großes Judengetto im 2. Weltkrieg
RS – gleichnamiges (ehem.) Militärbündnis
AWA – Hauptstadt des größten Staates in Ostmitteleuropa
Lösungswort: WARSZAWA

Lösung zu Seite 38

TAIGA (Nadelwald in Russland)
JEKATERINBURG (Millionenstadt, früher Swerdlowsk)
URAL (Mittelgebirge, Grenze zwischen zwei Kontinenten)
BORSCHTSCH (russische Gemüsesuppe)
BAIKAL-AMUR-MAGISTRALE (Bahnstrecke)
NOWOSIBIRSK („Hauptstadt Sibiriens")
OSTEUROPÄISCHES TIEFLAND (Großlandschaft)
WLADIWOSTOK (Endstation der Transsib)
BAIKALSEE (tiefster See der Erde)
MONGOLEI (Nachbarstaat)
DAUERFROSTBODEN (Boden, der nur im Sommer an der Oberfläche auftaut)
OMSK (Millionenstadt an einem Nebenfluss des Ob)

Lösung: FLUG MIT AEROFLOT

Lösung zu Seite 39

1 MOSKWA
2 ROTER PLATZ
3 GUM
4 BASILIUS
6 LENIN-MAUSOLEUM
7 MOSKWA
8 BOLSCHOI
9 GROSSER KREML-PALAST
10 REGIERUNGSSITZ
11 KONGRESSPALAST
12 KATHEDRALEN-PLATZ

Lösung zu Seite 40

① IOWA
② NEW YORK
③ OHIO
④ LABRADOR
⑤ HUDSON
⑥ ALASKA
⑦ PLAINS
⑧ AZ
⑨ MISSOURI
⑩ USA
⑪ MISSISSIPPI
⑫ FLORIDA
⑬ COLORADO
⑭ APPALACHEN
⑮ RIOGRANDE
⑯ GROENLAND
⑰ MIAMI
⑱ WA
⑲ LA
⑳ QEQERTARSUAQ

1	2	3	4	5	6	7	8	9	10	11	12
M	K	O	E	S	B	N	A	L	P	D	T

13	14	15	16	17	18	19	20	21	22	23
Q	W	H	Y	U	I	R	F	G	C	Z

Lösungswort: WIKINGER

Lösung zu Seite 41

①

Wisconsin – Arizona – South Dakota – New Hampshire – Indiana – Nevada – Georgia – Tennessee – Oregon – New York (WASHINGTON)

②

Richtige Lösungen: Wermutwein – rechter Nebenfluss des Rheins – britische Kanalinsel an der NW-Küste Frankreichs – lange Zigarre mit einem Mundstück aus Stroh
Die USA wurden 1787 eine präsidiale Republik.

Lösung zu Seite 43

Senkrecht:
1 LUSAKA
2 KISANGANI
3 HARARE
4 DIDIENI
5 LAGOS
6 MADEIRA
7 BENIN
8 ATI

Waagerecht:
2 KUMASI
4 DARESSALAM
9 WALFISCHBAI
10 IWO
11 DAKAR
12 ABA
13 DURBAN
14 AGADEZ
15 ISIRO
16 GAO
17 RABAT
18 NIGER

Lösung zu Seite 42

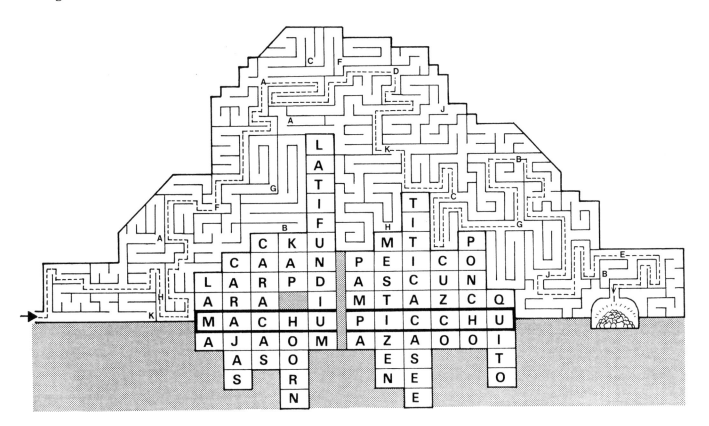

Lösung zu Seite 44

Kreise: SAO TOME
Stark umrandete Felder: NELSON MANDELA

1 TOGO
2 MOGADISHU
3 MADAGASKAR
4 SIERRA LEONE
5 ANTANANARIVO
6 ZENTRALAFRIKA
7 TANSANIA
8 NAMIBIA
9 SUDAN
10 KONGO
11 ADDIS ABEBA
12 NAMIB
13 MAHE
14 NIL

Lösung zu Seite 45

In den zugelassenen Schulatlanten sind Karten enthalten, die die Aufteilung Afrikas 1914/1918 auf die europäischen Kolonialmächte zeigen, und sie nennen das Jahr der Unabhängigkeit der selbstständigen Staaten. Weitere Angaben zu den Staaten in dem Rätsel dienen der Zusatzinformation.

Waagerecht:
1 SAMBIA
2 BENIN
3 MALAWI
4 ANGOLA
5 GABUN
6 RUANDA
7 KENIA

Senkrecht:
1 SIMBABWE
8 GHANA
9 MALI
10 GAMBIA
11 SWASILAND

Lösung zu Seite 46

1 RAMADAN
2 ERDOEL
3 NIL
4 TEPPICHE
5 EUPHRAT
6 NOMADEN
7 KIRGISISTAN
8 AJATOLLAH
9 PAKISTAN
10 ISMAILITEN
11 TUNESIEN
12 ARABIEN
13 LIBYEN
14 IMAM
15 SCHARIA
16 MINARETT
17 USBEKISTAN
18 SUNNITEN

Lösungswörter:
⬡ ISLAM
◯ ALLAH
▢ MOSCHEE
◇ KORAN
△ TEHERAN

Lösung zu Seite 47

1 DARDANELLEN
2 BOSPORUS
3 KAYSERI
4 VANSEE
5 ZYPERN
6 MARMARAMEER
7 ANKARA
8 AEGAEIS
9 TRABZON
10 ANTALYA
11 ISTANBUL

Gebratenes Hammelfleisch am Spieß: DOENERKEBAB
Reis in Weinblättern: SARMA
Mit Wasser verdünnter Joghurt: AYRAN
Anisschnaps: RAKI

Lösung zu Seite 48

Lösungswort: BRAHMAPUTRA

1 MALABARKUESTE
2 SRI LANKA
3 GANGES
4 KRISHNA
5 HIMALAYA
6 GODAVARI
7 TSANGPO
8 INDUS
9 WESTGHATS
10 THARR
11 DEKKAN

Indische Bundesstaaten:
RAJASTHAN
KERALA
ORISSA
BIHAR
ASSAM

Lösung zu Seite 49

PUNJAB
BANGLADESCH
HINDUISMUS
SLUM
MONSUN
NEPAL
LAHORE
EVEREST
TAMILNADU
UDAIPUR
RAJASTHAN
NARMADA
AHMEDABAD (in manchen Atlanten Ahmadabad)
DELHI

ISLAMABAD
DEKKAN
NAGPUR
RAWALPINDI
INDIEN
NAGALAND
DHAKA
ASSAM
MALEDIVEN
NIKOBAREN
NANGAPARBAT
THARR
ROURKELA
ANDAMANEN

BRAHMANEN
KSHATRYAS
VAISHYAS
SHUDRAS
PARIAS

GANDHI   NEHRU

Lösung zu Seite 50

  LHASA

  KANTON

SHANGHAI

  LANZHOU

1 KUNMING
2 USSURI
3 NINGBO
4 LESHAN
5 URUMCH(I)
6 NANTONG
7 SUZHOU
8 HARBIN
9 ANYANG
10 NANJING

KUNLUNSHAN

Lösung zu Seite 51

1 GUILIN
2 BEIAN
3 DAQING
4 PEKING
5 QILIAN
6 HAINAN
7 HAIYAN
8 QAIDAM

Lösung zu Seite 52

①
Senkrecht: 1 Hokkaido, 2 Yokohama
Waagerecht: 1 Tokio, 2 Kyoto, 3 Shikoku, 4 Tomakomai, 5 Niihama, 6 Nachodka, 7 Formosa, 8 Sapporo
②
NIPPON – HONSHU – PAZIFIK – MAULBEERSTRAUCH – OYASHIO – KUROSHIO – ERDBEBEN – TSUNAMI – TAIFUN – TECHNOPOLIS – KOGAI

Lösung zu Seite 53

HIROSHIMA
OSAKA
SAPPORO
YOKOHAMA
KITAKYUSHU
FUKUOKA
NAGOYA

Lösungswort: FUJISAN

Lösung zu Seite 54/55

KOALABAEREN FRESSEN AUSSCHLIESSLICH EUKALYPTUS-BLAETTER

Lösung zu Seite 56/57

Buchstaben in den Kreisen: MELANESIEN

Waagerecht:
 1 MIKRONESIEN
 5 TASMAN
 9 TAHITI
10 TULUN
11 APIA
12 LANAI
14 POLYNESIEN
15 VANUATU
18 ANTIPODE
19 NASSAU
20 TONGA
21 NEUSEELAND

Senkrecht:
 1 MARSHALL
 2 KAROLINEN
 3 NAURU
 4 IRIANJAYA
 6 SALOMONEN
 7 LINE
 8 BIKINI
 9 TUVALU
13 ANTIPODE
14 PALAU
15 VILA
16 BONIN
17 LAE

Lösung zu Seite 58/59

Hilfsmittel: **Globus**

1. Südamerika			⊠			⊠				⊠	⊠		
2. Antarktis													
3. Asien		⊠			⊠		⊠						
4. Nordamerika	⊠					⊠							
5. Atlantik			⊠					⊠	⊠				
6. Europa					⊠								
7. Afrika						⊠				⊠			
8. Australien		⊠		⊠				⊠					
9. Indischer Ozean		⊠				⊠							
10. Pazifik			⊠		⊠	⊠			⊠				

Lösung zu Seite 60

Von oben nach unten:
STEIGUNGSREGEN
THERMOMETER
TIEF
WARMFRONT
KALTFRONT
SCHNEE
WIND

Lösungswort: NIEDERSCHLAG

Lösung zu Seite 61

①
KILIMANDSCHARO (Vorsicht: in manchen Atlanten Kilimanjaro)
KAISERSTUHL
POPOCATEPETL
HEKLA
PINATUBO
ÄTNA
FUDSCHIJAMA (Vorsicht: in manchen Atlanten Fujiyama oder Fujisan)
VESUV
Lösungswort: KRAKATAU
②
LIPARI
HISPANIOLA
SIZILIEN
SANTORIN
HONSHU
MINDANAO
Lösungswort: ISLAND
③
GAS
KEGEL
SCHLOTE
LAVASTROM
NEBENKRATER
SCHICHTVULKAN

Lösung zu Seite 62

von oben nach unten:
MERKUR – VENUS – ERDE – MARS – JUPITER – SATURN – URANUS – NEPTUN – PLUTO

Lösungswörter:
APOLLO
ARMSTRONG